JN115734

できる人がやっている

上司を操る仕事術

「成果」も「評価」も思いのまま

近藤悦康
Yoshiyasu Kondo

はじめに

「上司の指示通りにやったと思っていたのに違うと言われた」
「上司が言っていることが腹落ちしない」
「いつも無理難題ばかり押し付けられる」……。

若手社員にとっての上司とは、「煙たい存在」というのが本音かもしれません。

上司と上手くコミュニケーションがとれずに苦労するのは、誰もが多かれ少なかれ通る道。決して珍しいことではないのです。

しかし、こうした認識のギャップを放置したまま働き続けるとストレスが増し、仕事は滞り、不平不満が溜まり、仕事の質を落とし、最終的には自らの評価を下げるという最悪の負のループにはまってしまいます。放置しておくことは、今後のキャリアを考える上でも得策ではありません。

ではどうすれば、こうした状況を回避することができるのでしょうか。

私は人事コンサルタントとして十数年の研鑽を積んだ後、2013年に独立し、株式会社レガシードを設立しました。以来、「はたらくを、しあわせに。」という企業理念の下、延べ600社を超える企業のコンサルティングや、各種セミナー、ワークショップ等を企画・運営しています。

職業柄、若手社員や新卒社員から、冒頭のような不平不満を打ち明けられることも少なくありません。そうした相談を持ち掛けられる度にアドバイスするのが、いかに上司の指示命令に忠実に従うかという視点で物事に対処していては、いつまで経っても負のスパイラルから抜け出せないということです。そうではなく、自分が上司を操るという視点で接することができるようになると、上司からの信頼を得られるばかりか、社会人として一回りも二回りも成長することができます。

経験も役職も、上司より劣る自分にそんなことできるはずがない――。そんな戸惑いにも似た声が聞こえてきそうです。

「操る」というとどこか傲岸不遜（ごうがんふそん）にも聞こえるかもしれませんが、実は出世する人や、楽しんで働いている人――要するに成果を出している人ならば、誰もがやっていることなのです。

私は常日頃から、成果とは、「自力」と「他力」のどちらかの方法でしかつくることができないものだと考えています。

「自力」とは自分でやり切る力。では「他力」は何かというと、上司の力ということです。この「他力」を使わないのはあまりにももったいないと思うのですが、十分に使いこなせていない人が実に多いのです。

特に、経験も知識も技術も役職も成長途上である若手社員の時代にこそ、存分に上司の力を使いこなすべきだと考えています。

言い換えれば、「自分の力が弱いうちは上司の力を借りて成果を出し、力をつけてからは上司にとって欠かせぬパートナーとなり、最終的には上司を超えて自分の思い通りに働く」といったところでしょうか。

そこで本書では、上司を操ることで自分を成長させ、幸せに働くための秘訣を50項目にわたり紹介します。どれも私が実践して効果の高かったもの、私がこれまで出会ってきた優秀だと思う人たちがやっていることばかりを集めました。

皆さんの中には、そもそも上司のことをどうしても評価できない、あるいは、好きになれない（馬が合わない、関心がない）と思っている方も多いことでしょう。

人間には感情がありますので、その気持ちは否定しません。また、世の中には「なぜあの人は役職が上なのだろうか」と疑いたくなるような上司が一定割合でいることも確かです。

次の図は、上司に対する感情と関係性を表したものです。あなたなら、この4つのケースのどれに当てはまるでしょうか。

もし、あなたが今の会社でもっと成果を上げたい、評価を上げたい、あるいは、自由に仕事ができるようになりたいと願っているのならば、もちろん右上の欄を目指すべきです。

それでも「上司を評価できない」「したくない」という方への私からのアドバイスは次の2つです。

(1)上司のことが嫌いであったり、反発してしまう場合は、実は相手の中に自分と同じ共通点を見ているケース（近親憎悪）が多いことを理解する。

自分の性格の嫌な部分を相手の中に見ている（見せられている）、あるいは逆に、自分が本当は欲しいと思っているものをすでに相手が手に入れてしまっていることに嫉妬してい

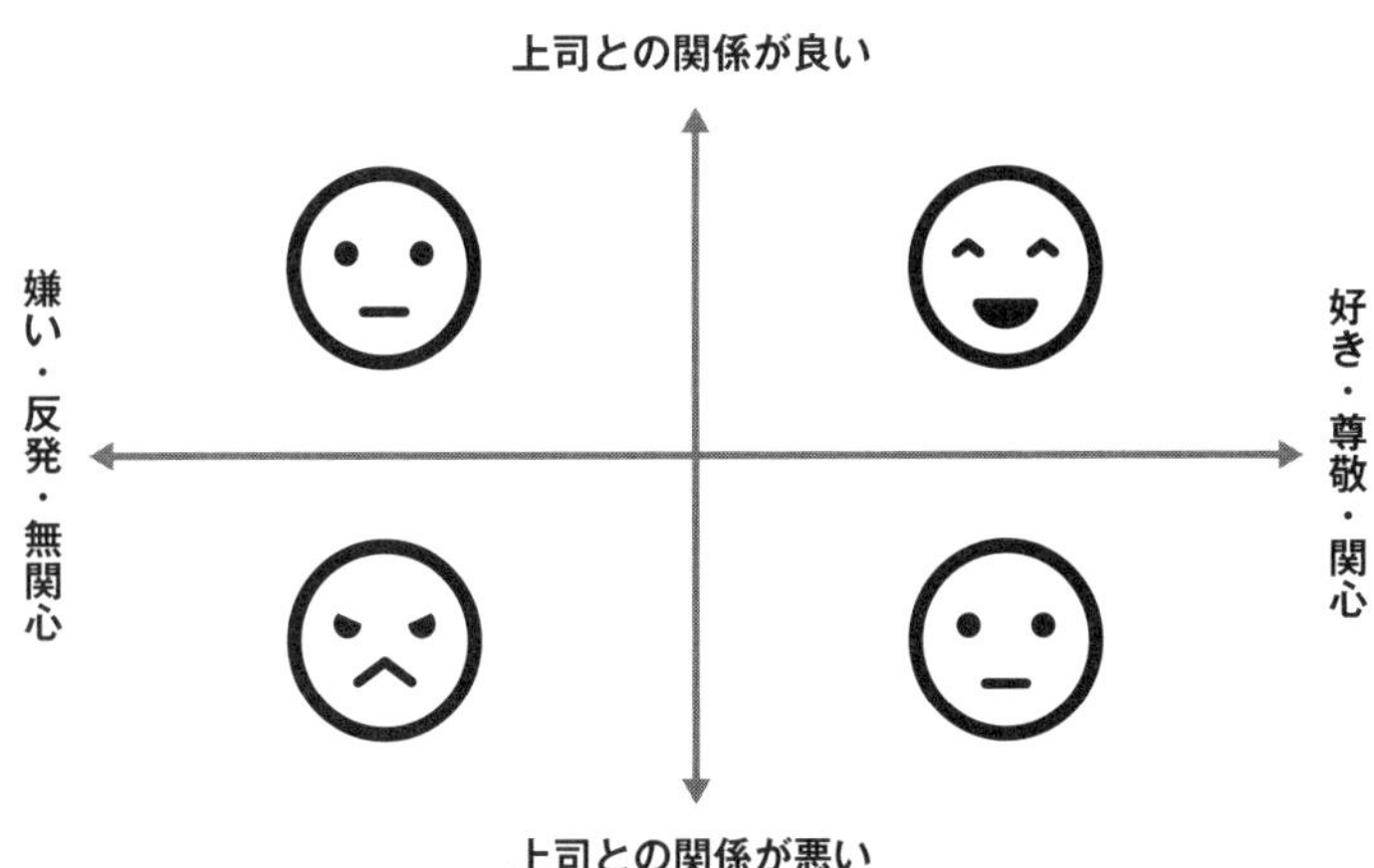

る——といったケースです。この場合、一方的に上司を批判するのではなく、内省し、本書との縁を自分自身を知る良い機会と考えてみるとよいと思います。

(2)あなた自身のために、上司へのジャッジを一旦保留する。

後になって振り返ると、「あのときにあの人が厳しくしてくれたおかげで……」と人生の先輩に感謝するというケースはよくあります。

まずは、期間を設定して、できるだけのことをやってみる。精一杯努力しても、状況が変わらなかったときに退職や転職を考えても遅くはありません。

いずれにしても、どんな上司であろうと、上司に左右されず、あなたが望んでいる成果をつくり出すために、今の自分にできることから一つひとつ始めると、人間関係のストレスがなくなり、スムーズに仕事が進み、上司からの評価もうなぎのぼりとなっていくでしょう。

仕事ができると言われる人がやっていることは、決して特別なことばかりではありません。ちょっとしたコツをつかんで、ほんの少し物事の視点を変えるだけで、今、上司と上手くいっていないという人たちも、劇的に関係を改善することができるのです。

なお、本書はどこから読んでいただいても構いません。STEP①から⑤に向けて徐々に行動のレベルを上げていますが、それぞれの項目が独立していますので、あなたの現在の課題に関することからアトランダムに読んでもいいでしょう。

働く皆さんの幸せな未来をつくるために、本書が少しでもお役に立つことができれば、著者としてこれ以上の喜びはありません。

できる人がやっている上司を操る仕事術［目次］

【STEP③】上司をフル活用して結果を出す

STEP①

STEP②

STEP③

STEP④

STEP⑤

上司のことを誰よりも話せる人になる

ＳＴＥＰ①で目指すゴールは、【上司の願望に入るために、上司のことを誰よりも話せる人になること】です。というのも、私自身が上司になってみて、社内で正確に私のことを話してくれる人がいるのは素直にうれしいことであり、また組織の目指すべき目標の理解度とも密接につながっていると思うからです。

あなたは社長や上司のことをどれだけ詳しく、的確に社外の人に紹介できるでしょうか。そんなことを意識しながら読み進めてください。

01

上司の「願望」に入る

まずそこに入らなければ
何も始まらない

質問です。上司から重用される人、チャンスをもらえる部下、あるいは出世できる人とは、どういう人だと思いますか。

「優秀な人」「結果を出せる人」「気が利く人」「行動が早い人」「気に入られている人」……。答えはいくつもありますが、私はそれらをまとめて【上司の願望に入っている人】と定義したいと思います。

願望というと堅く感じられるかもしれませんが、わかりやすく言えば、【上司の脳の中にある理想の世界】のようなものです。

具体的には、「人」「モノ」「状況」「価値観」「信条」などの、「こんな人、こんなものが好き」「こういう考え方、こういうシチュエーションが好きだ」といったことです。

15年ほど前、インターネットのサービスで『脳内メーカー』という診断が流行りました。その人の脳の中がどんなこと（関心事）で占められているかを脳内のイラストで視覚化したものですが、そこに描かれていることが、まさにその人の願望であり、優先順位です（診断自体はお遊びですが）。

もしあなたが、そうした願望に入っていれば、上司から気にかけてもらうことができ、期待され、高く評価されるようになるでしょう。

なぜなら、人間は願望内の優先順位に従って物事の意思決定をしていくからです。

例えば、上司は部下に大事な仕事を任せるにしても、お客さまとの会食に連れて行くにしても、あるいは、ランチに誘うにしても飲みに行くにしても、まず自分の願望の中に入っている人の中から無意識に選びます。少なくとも私なら、重要顧客との会食に、将来を期待できないような人材を同席させることはまずありません。

それは恋愛のような好き嫌いとは少し違いますが、よく似たところもあって、自分の願望に入っている部下に対しては、「この人を応援したい」とか、「彼に成果を出させてやりたい」「彼女にチャンスをあげたい」と思います。

ということは、もしあなたが自分の上司の願望に入っていなければ、そもそも気にかけてもらえず、期待もされず、会食や飲みにも誘われないため、チャンスを得ることが少なくなるということです。

たとえあなたが優秀で、人一倍努力したとしても、上司の願望に入っていなければ高い評価を得るのは難しくなります。なぜなら願望に入っていないと必然的に上司とのコミュニケーションが少なくなるため、その上司の考えていることや今自分に期待されていること、その上司が評価するポイントなどが正確にわからず、見当違いの努力をすることにな

上司の願望のイメージ図

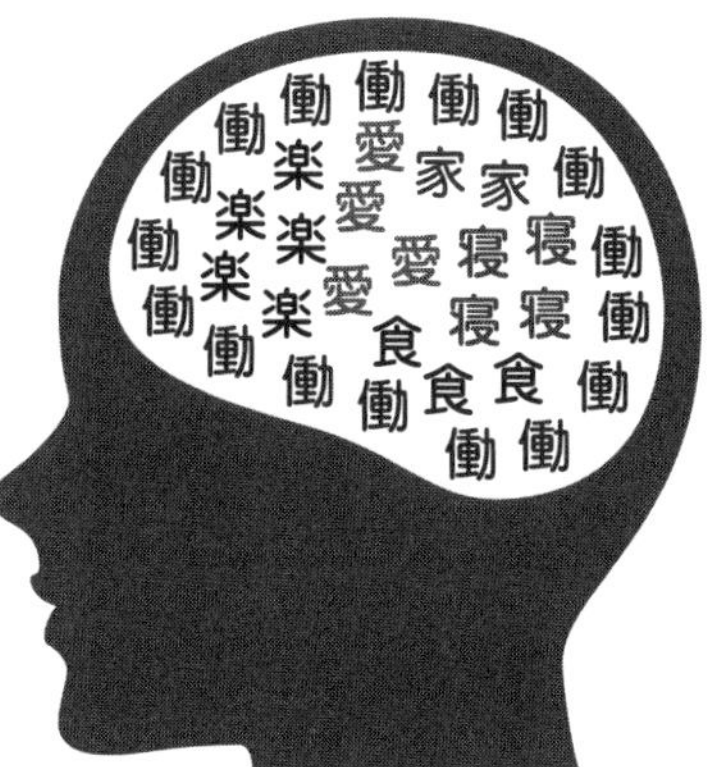

上司が考えていることのうち、
何の割合が多いのか
（何を重視しているのか）を
把握することが大事

ってしまうからです。

この話を逆の立場で考えてみましょう。もし、あなたがリーダーとなってプロジェクトを任されたとしたら、あなたが部下や仲間として重用するのはどんな人でしょうか。

それは、あなたが一緒に働きたい人、あなたが一緒にいて心地よい人、あなたのやりたいことやあなたが好む仕事の進め方をよく理解している人であるはずです。

大きな成果を残したいのであれば、上司を上手に活用する、その前にあなたがその上司の願望に入ることです。

それができなければ、何も始まらないのです。

02

今の自分なりの「豊臣秀吉」になる

ただのゴマすりでは上司の願望に入れない

上司の願望に入れといっても、それは単なるゴマすりや、「とにかく気に入られるように振舞え」といったレベルの低い話とは違います。

一人の人間として好感が持てるとか馬が合うといった要素もありますが、ビジネスの付き合いである以上、上司が重視するのは、【自分の仕事がやりやすくなる人であること】、そして、【自分の期待に応えてくれる人材であること】です。

当たり前ですが、上司にも職務上の目標があります。だから、あなたは、【自分が上司（組織）の目標を達成するために貢献できる人であること】を、行動や結果で示していく必要があるのです。

例えば、農民から天下人にまで出世した豊臣秀吉は、主君である織田信長の願望に入っていたからこそ、身分が低いにもかかわらず重用され、異例の立身出世を果たしました。

秀吉といえば、冬の寒い日に信長の草履（ぞうり）を懐（ふところ）で温めていたエピソードが知られていますが、そんなことだけでは、尾張の小大名として日々生きるか死ぬかの戦いをしていた信長の願望に入ることはできません。

秀吉が取り立てられたのは、誰よりも早く石垣を直し、稲葉山城（岐阜城）攻略のために一夜で城を建ててみせたり、金ヶ崎の戦いで殿（しんがり）を務めて主君を逃がすなど、その時々のポジションで率先して手を挙げ、信長がやりたいことを実現し、時には主君の先回りをするなど、信長から期待されていることの一段も二段も高い視点で任務を遂行したからでしょう。

それらのエピソードが事実かどうかはさておき、秀吉が天下統一事業において欠かせない部下だと、信長から高く評価されていたことは間違いありません。

だから、あなたも「豊臣秀吉」になればいいのです。もちろん、その時々の年齢やキャリアによって、あなたがなれる「秀吉」のレベルは異なります。

しかし、秀吉だってその時々の役職において「今の自分に最大限できること」を続けて信長の願望に入り、欠かせないパートナーにまでなり、ついには後継者となって信長を超えたのですから、あなたも「今のポジションなりの秀吉」になればいいのです。

もう一つ、考え方のヒントを挙げます。

それは、【上司はお客さまだと思って接すること】です。

相手の願望に入り、自分の優先順位を上げていくという話は、お客さま相手の営業と全く同じです。

お客さまの願望に入っている営業担当者は、そのお客さまの期待に応え、優先順位が上の存在になっているからこそ、お客さまのほうからご連絡をいただけるのです。良くも悪くもそのお客さまに何かあったときに、真っ先に顔が浮かぶ人になっています。

このように上司のことをお客さま、そして、自分のことを営業担当、いや、給料制の会社員ではなく、【完全歩合のセールスパーソン】もしくは【個人商店・会社】だと思えば、見える景色が全く変わってくると思います。

しかも、上司（お客さま・取引先）と自分（個人商店・会社）はWin-Winの関係にあります。ある時期においては運命共同体といってもいいでしょう。仮に上司が苦手なタイプだったとしても、どうすれば関係が良くなり、目標を達成できるのかを自然に考えるようになります。

こんなふうに捉えてみれば、仮に嫌なこと、辛いことがあっても、自分の感情をコントロールしやすくなるはずです。

03

まず自分が好きになる

上司を自分の願望に入れるための情報収集を怠らない

人は自分のことを知ってもらったり、興味を持ってもらえると、うれしいと思う生き物です。

その証拠に、多くの人がFacebookやYouTube、Twitter、Instagram、LINEなどのSNSで、誰に頼まれたわけでもないのに、自分から情報を発信しています。

だから、上司の願望に入ろうと思ったら、まずは上司の情報に関心を持ち、上司の情報を集めなくてはいけません。

具体的にどんな方法で集めればいいかは次項以降に譲りますが、あなたが上司に興味と関心を持っているのがわかれば、上司も悪い気はしませんから、心を開いて接してくれるようになります。

ただし、ここで確認しておかなければいけない大前提があります。

それは、実は上司の願望に入る前に、まず自分の願望に相手を入れなければいけないということです。

自分は上司に気に入られるために努力するけれど、本当は上司のことが好きではない、つまり、自分の願望には入っていないようではダメだということです。

上司は組織の目標にコミットしており、その達成に全力を尽くします。もちろん、仲間である部下の幸せを願い、一緒に成長していきたいとも思っています。しかし、仕事に対する部下の姿勢や価値観、自分に対する態度次第で、期待度や接し方に濃淡が出てくるのは当然です。

だからといって、ゴマすりや面従腹背（めんじゅうふくはい）の姿勢でいてはダメなのです。

もしあなたが好意と関心、敬意を持っていないのにそれらしく振る舞ったとしても、たいていの場合、相手に見抜かれます。見抜かれていないと思っているのはあなただけで、その姿は周囲にはイヤらしく、時に滑稽（こっけい）にさえ映るでしょう。

仮に相手をだませたとしても自分をだますことはできませんから、ストレスは大きく、学びも少なく、大きな成長も期待できません。

だから、まずあなたがその人を自分の願望に入れる努力をしてください。そうしない限り、相手の願望には入れてもらえません。

多くの人は勘違いしているのです。

最初の段階で親しくなりたい相手の情報をいろいろ集めるのは、相手に気に入ってもらうためではなく、【その人を自分の願望に入れるため】です。

自分の願望に入れようとすれば、相手の良いところや素敵なところだけではなく、自分と違っているところや、違和感を覚える部分も認める必要があります。そのために、相手のことをよく知る必要があるのです。

もう一つの勘違いは、必ずしも自分と違う人が「合わない」わけではないということです。

自分と価値観が似ている人といれば楽で心地よいでしょうが、そういうコミュニケーションばかりでは、自分の価値観の確認をしているにすぎません。

むしろ、自分と違う部分の多い人といるほうが、新たな発見があり、付き合っていても学びは大きいと言えます。

だから、自分と価値観が異なる上司、苦手な上司だからといって、その出会いを悲観したり、否定したりする必要はありません。自分の成長の過程に必要だから出会っているのだ、人生において何かプラスの意味があるから出会っているのだと、捉えてほしいと思います。

自分との違いも含めて上司の良さを知り、自分の願望に相手を入れることが、結果として、上司があなたのことを願望に入れてくれることにつながる——。この前提をくれぐれも忘れずに、日々の仕事の中でコミュニケーションをとってみてはいかがでしょう。

04

人生の軌跡と価値観を知る

「肩書き」ではなく、上司を一人の人間として観察するテレビ番組やYouTubeなどで、出演者が自分の過去や価値観、家族のことなどを赤裸々に語っていることがあります。

それまで顔と名前くらいしか知らず、特に関心もなかった人物であっても、そうした映像を見た後では、その人への親近感や興味が格段に増していることに気づきます。あなたにも、そんな経験があるでしょう。

なぜそうなるかといえば、相手の背景を知ることで、職種や肩書き、属性、芸名などではなく、一人の人間としてその人を見るようになるからです。

これは上司と部下のコミュニケーションでも同じです。

部下は案外、上司のことを「上司」「社長」「部長」といった肩書き（会社での役割）でしか見ていないことがあります。上司にもそれまでの人生の歴史があり、家に帰れば夫や父親としての顔があり、人としての感情があります。プライベートで楽しむ趣味があり、そして、その人ならではの価値観（優先順位）があります。

部下にとってはそれら、特に上司の優先順位を知ることはとても重要なのです。

では、どうすれば上司の人生の軌跡や価値観を深く知ることができるのか。

それは本人に尋ねるしかありませんが、そのとき上司に投げかけてみるとよいのは、例えばこんな質問です。

「なぜこの会社に入ったのですか」

「自分と同じくらいの年齢のときには、どんなことを考えて働いていましたか」

「転機や分岐点、ターニングポイントは、どんなところだったのですか」

特にターニングポイントを尋ねるのが重要である理由は、そこは人生において「落ちたとき」か「上がったとき」であり、感情が大きく揺れているので、上司がどうやってそれを乗り越え、そこでどんな価値観を得たのかがわかりやすいからです。

ちなみに私の会社では、上司や同僚と親しくなる時間を短縮してあげる仕組みとして、社員全員に『過去のライフチャート』というシートを用意しています（次ページの図表）。これは自分が生まれてから現在までの軌跡を、年齢ごとのモチベーショングラフに載せたものです。例えば、○歳のときはこういうことをしていた。○歳の頃にこんな悲しいことがあった。○歳の頃は、社内でトップになって自信に溢れていた——といったように、その人の人生の軌跡（ある意味での浮き沈み）が、わかりやすくまとめられています。

これらを見れば、会話下手な人でも、上司や同僚がどんなバックグラウンドや価値観を持っているのかがよくわかるのです。

モチベーショングラフ

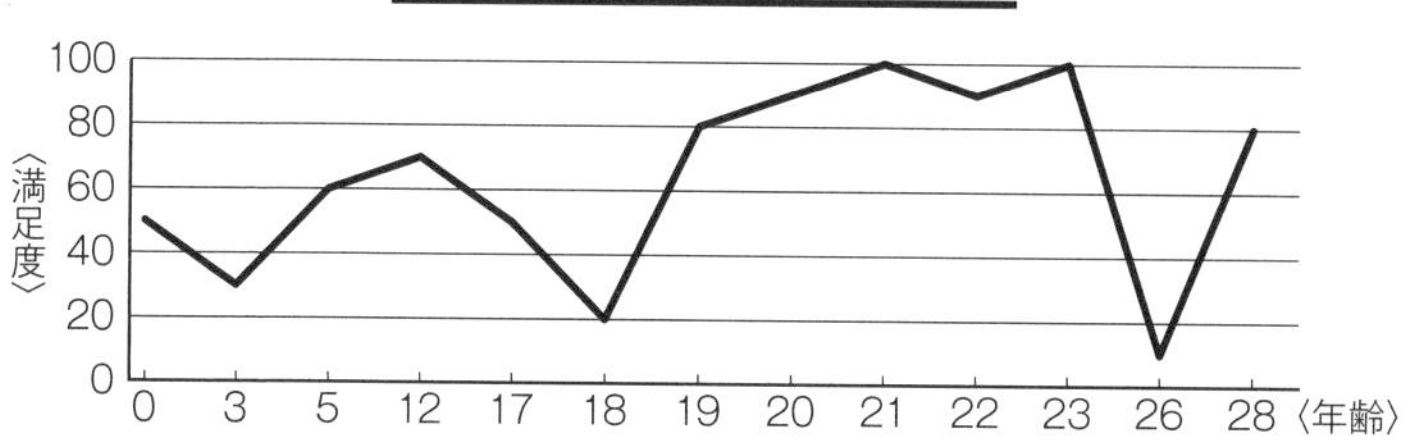

年齢	満足度	人生のターニングポイントとなった出来事を記載
0	50	**1993年10月長野県生まれ** →女の子の可能性90%と言われるなか、男の子として誕生
3	30	**初めての保育園** → 人見知りで誰とも話さなかった
5	60	**兄と取っ組み合いの喧嘩をする毎日**
12	70	**野球で選抜され、全国大会へ出場** → 早かった野球人生のピーク(涙)
17	50	**高校2年時にチーム最高成績を記録** → チームの主将として日々葛藤
18	20	**高校野球終了により受験に突入** →国語教師の一言により名古屋の大学への進学を決心
19	80	**何か成し遂げたい気持ちがあるが、モンモンとする日々** →先輩からの後押しで初海外＆一人旅。好奇心が爆発
20	90	**ヒッチハイク、島生活** → 未知なコトをしたい一心で行動
21	100	**居酒屋案内人全盛期** →毎日のように、働いて稼いだ分をすべて旅行や遊びに使う生活 サークルを立ち上げ、海外一人旅10カ国超
22	90	**就職活動で内定キラーとしてブイブイ** →Legaseedと出逢い、他の内定を辞退 内定者として上司の家に半年間の居候生活
23	100	**2週間の休みをいただきウユニ塩湖、ニューヨークへ一人旅** →死ぬまでに見たい世界一の景色を堪能☆
26	10	**自分の力不足を実感** →できていない部分ばかりに目がいきネガティブな毎日
28	80	**メンバーの成長を実感(新人たちのアポ取り、提案など)** →自分が営業に全集中できる環境に感謝

上記は簡略化しているが、実際にはより細かく記載してもらっている。

05

好き嫌いの傾向をつかむ

気遣いができる人かどうかを上司は見ている

人は、自分が好きなことや求めていることについては相手も同じだと思いがちですが、そうではありません。ましてや、年代もキャリアも異なる相手なら、全く異なると思っていたほうがよいでしょう。

そこをまずきちんと認識した上で、相手の願望にあるものをどれだけ提供できるかが大事です。仕事の仕方もそうですし、コミュニケーションのとり方もそうです。相手が求めているものを理解できているからこそ、相手が喜ぶ行動がとれるのです。

私は若手社員のときに上司の嗜好性を細かく把握して、それを行動に活かしていました。

例えば、私の上司は、コーヒーにミルクだけ入れるタイプの人だったので、一度それを聞いてからは、私がコーヒーを用意するときには、言われなくてもミルクだけを付けるようにしました。

また、「最近は脂っこいものを避けている」とか「ワインに詳しい」といった、上司の食や酒の好みを把握しておき、会食のセッティングを頼まれたとき、誕生日のプレゼントやお土産を渡すときなどに、より喜んでもらえるチョイスを心掛けていました。

特に誕生日プレゼントを渡すタイミングは、上司との心の距離を縮める絶好の機会です。渡すという行為も大事ですが、上司に何を渡したら喜んでもらえるかを真剣に考えるきっかけになるからです。

こうしたちょっとした部下の気遣いは、できる上司ほどよく見ているものです。

そして、これができる人は、上司から好かれるだけでなく高く評価されます。なぜなら他の仕事でも同様の気遣いができると推測できるからです。

その他にも、移動する際の交通手段や言葉遣い、報告の受け方、服装、持ち物、本、趣味など、上司の好みとして知っておくとよいことはいくらでもあります。

それらの中には、質問してみて初めてわかるものと、日々の観察から見えてくるものがありますが、上司の願望に入るという意味では、観察によって上司の好みを突き止めたときのほうが、評価は高くなるでしょう。

「おっ、そんなことまでよくわかったね」というわけです。

さて、上司の好みがわかったら自分をそこに合わせていくわけですが、趣味などの場合は、自身で追体験してみるのもいいと思います。

そうすることによって新たな発見もあるでしょうし、あなたの経験の幅も広がります。

また、上司としても、自分の好きなものを部下が積極的に経験しようとしてくれるのは、素直にうれしいものなのです。

例えば、以前、私のコンサルティングに大きな衝撃を受けた方がいました。私は採用のコンサルで、その方は別の分野のコンサルでしたが、彼は私の全てを吸収する勢いで、私の経験をトレースしていたようです。

そのコンサルの方は、私が当時書いていたブログや、かつて寄稿した文章の中で「おいしい」と紹介した地元（岡山県）のお店などを、自分で全て訪ね歩き、味わってきたというのです。そのことを知ったときには、驚くとともに感心しました。もちろん、彼のことはすぐに自分の願望に入りました。

ちなみに私は採用を担当していた頃に、

「上司はどういう人と働きたいと思っているのか」

「どんな人材を採用したいと思っているのか」

という答えを、日頃の言動から常に探っていました。それは、上司の好みを知ると同時に私自身が目指し、自らもそうなっていくべき姿でもあるからです。

好き嫌いといっても、別に形のあるものだけで考えることはありません。価値観についての好き嫌いも大事な情報です。

06

「はい」か「YES」で即答する

その人が持つ力量は、答え方に如実に表れる

成功している人に、若いときに心掛けていたことを尋ねると、「上司の指示や誘いには『はい』か『YES』で即答していた」という答えがとても多い――というのが私の印象です。

しかも、「基本2秒以内」と言う人もいれば、「0・2秒以内」と言う人もおり、いずれにせよ、その人たちは何か指示されたら「まずやってみる」という姿勢を持っています。

その理由はいくつかありますが、簡単に言うと、上司はそこで部下を試しているのです。意識して試しているわけではないのですが、その人の素直さや、反応の良さ、プラス思考で物事に取り組めるかといったことを見ています。

例えば、社員を採用するときに、「今日これから社長面接なのですが、来られますか？」と電話で聞いてみて、面接に来られない理由を並べる人は採用しないという会社もあります。

先約があろうが遠方であろうが、「今から行きます」とすぐに言える人をその会社が採るのは、その人にとっての優先順位を見ているから。そして、大げさに言えば、不測の事態が起きたときに《物事を調整してでも実現しようとする力》があるかを見ているのです。

そうした力が試されるのは、入社してからも同じです。飲み会の誘いや、残業しても処理できないほどの業務を指示するときも、上司は部下がどう考え、行動するタイプなのか、試しているのです。

近年は職場のハラスメント問題に加えてコロナ禍もあり、上司のマネジメントも以前とはだいぶ変わってきています。しかし、飲み会の誘いを簡単に断ったり、自分の出した無茶な指示に対して《できない理由》を並べた時点で上司の願望には入らない可能性が高いので、断る際には上手な言い方を考えなければいけません。

例えば、一旦は「はい」と返事をした上で、その後に参加の仕方や仕事のやり方を上司に相談するのです。それぞれの対話例を挙げておきます。

＊＊＊

上司　「明日のA社との会食に同席してくれないか。A社社長に君を紹介したいのだが」

部下例①　「ありがとうございます。行きたいです。ただ先に約束があり、それを調整するので、改めてご相談させていただけますか」

部下例②　「何時から飲むんですか。実は6時から横浜でアポイントが入っているので開始時間には間に合わないかもしれませんが、8時には伺います」

上司　「これ、どうしても急いでいるので明朝までに仕上げてくれないか」（すでに夜になっている）

＊

部下例　「わかりました。やります。何が何でもやりますが、ちょっとどうやったら間に合わせることができるか見えないところがあります。相談に乗っていただけませんか」

＊＊＊

ここで大事なのは、話を聞いたときに、いきなり否定から入ってはいけないということです。まずは「ありがとうございます」「行きたいです」「やります」というプラスの言葉で上司からの申し出や指示を肯定し、受け入れようとしているというメッセージを最初に伝えることが重要です。もし大丈夫ならそのまま参加します（やります）し、逆にできない（難しい）理由がある場合は併せて相談をし、上司の願望に近づけていきます。

もっとも、この話は、常識的な範囲でのやり取りを前提としています。もし、その上司が有無を言わさず飲みの席への参加を強要したり、あまりにも人の心を無視したような指示や命令を続けるような場合には、もう一つ上の上司に相談するなど、別の対策が必要です。

07

お勧めの本や映画の感想を伝える

早く、具体的に。

課題克服のお礼も言えればベスト

誰でも、一度や二度は、上司や先輩から「これ読んでみるといいよ」と本を勧められたことがあると思います。

しかし、せっかく勧めてくれたのに、「忙しい」とか、「精神的に余裕がない」といった理由から、助言をスルーする、あるいは、読んだふりだけをして有耶無耶にしている人が多いようです。

その人の行動が逃しているものは3つあります。

(1)上司のことを知り、自分の願望に入れるチャンス

(2)上司の願望に入るチャンス

(3)自分が普段読まない作家や分野の本を読むことで成長するチャンス

ここでは、(1)と(2)に絞って話を進めますが、あなたはどうでしょうか。

お勧めの本を上司に紹介されたら、とりあえず目を通して、その感想を必ず相手に伝えていますか。

さらに、自分の感想を上司の印象に残るように効果的に伝えているでしょうか。

私は、本を勧められたら、どんなに忙しくてもできるだけその週末には読んで、相手に感想を伝えていました。それは、本のように拾い読みで時短ができない映画でも同じです。

これは、上司だけに限った話ではありません。

お客さまなどから紹介されたときには、お礼とともにその感想を書いた手紙を送る、もしくは、次の会食や面談などがセッティングされているときには、自分の感想をまとめておいて、会話のネタにするようにしていました。

感想の伝え方で心掛けるとよいのは、「面白かった」とか「感動しました」といった漠然とした話をするのではなく、「○章のここが刺さりました」などと、できるだけ具体的に語ることです。

そこで話が盛り上がることがありますから、基本的には全体に目を通しておくこと。そして、せめて3カ所くらいは、印象に残ったページと内容を具体的に報告できるように意識してみてください。

もっと言えば、「ありがとうございました。ここの文章やノウハウがまさに今の私にドンピシャでした！」とか、「まさに今、見るべきタイミングでした！」というワンランク上の報告ができると、さらにいいと思います。

それを聞けば、上司の側も「紹介してよかった」と思いますし、また、「この人は自分の現状と課題を客観的に理解できており、成長の意欲が高い」と評価することでしょう。

ちなみに、私の場合、良いタイミングで人から紹介してもらって特に印象に残っている本は、神田昌典さんの『成功者の告白』（講談社＋α文庫）です。

今の会社を創業する少し前に読んだのですが、この本には経営者として陥りやすい状況が小説タッチで描かれており、とても参考になりました。

特に響いたのは、起こる問題や現象は、必ずその手前にある自分の問題思考や問題行動から生まれている――といったような内容です。

要は、「神様は見ている」ということなんだなと改めて思いました。実は、私自身も昔から、「もし神様がいたとして、今の自分の行動や発言を見たときにどう思うかな？」と考えながら生きてきました。その考え方は間違っていないとこの本を読んで納得できましたし、今思うと、会社を経営する上でとても役立っています。

08

情報源を突き止める

上司が自分と同じ年齢だったときの勉強方法を聞く

「情報源」というのは、上司がどのようなソースから情報を得て、どのような人の著作や考え方に影響を受けてきたかということです。

具体的に言えば、次のことを意識し、尋ねていくといいでしょう。

(1)上司が社内で影響を受けている人
(2)上司が尊敬し、高く評価している人
(3)上司が参加している勉強会やコミュニティ
(4)上司が学んできた学問、専門知識
(5)上司が読んでいる書籍、雑誌、新聞、ウェブサイト
(6)上司が使っているアプリ

これらを知ることで、上司の価値観や話すことが深く理解できるようになり、価値観や会話が合うようになり、新たな良い情報を自分のものにできるというメリットがあります。

その上司が優秀な人であればあるほど、自分が知らなかった良質な情報源を必ず持っています。

例えば、上司のマネジメントや人格が素晴らしかったのでいろいろ尋ねてみると、実は、大学では心理学を学んでいて、会社の研修とは別にコーチングを学んできたことがわかり、その勉強会を個人的に紹介してもらった——といった具合です。

一方、上司としても、自分が勉強している情報源に対して部下が興味を持ってくれて、それを学びたいと言ってくれれば素直にうれしいものです。

上司の情報源を突き止める場合には、上司と自分との年齢差、キャリアの差を考えて、《今の自分と同じ年齢・キャリアの頃に利用していた情報源》を尋ねる視点も必要です。

なぜなら、上司は10年前、20年前から「今の上司」の姿だったわけではありません。若いときには未熟で、実力も低く、いろいろなことに悩み苦しんできたはずで、そこから一つひとつ成長してきたことで、今の姿になっているのです。

だから、若い部下が知るべきなのは、上司が自分と同じような課題に直面した時期における学びの情報源であり、課題解決の方法です。

例えば、私が今入っている経営者のコミュニティのことを部下が知り、「自分も参加したい」と言ってきたところで、若い会社員の立場で参加するのは難しく、また、入れてもらえたとしても今の部下にとって気づきは少ないでしょう。

それよりも、上司に「○○さんは、私と同じくらいの年齢のときには、どんなコミュニティや勉強会に参加していたのですか」と尋ねるといいと思います。

読んでいる本にしてもそうです。

年齢、タイミング、立場によって、心に刺さり、役に立ち、血肉となっていく本は当然違います。上司が最近読んで「面白かった」と言っているものと、新入社員の時代に読んで役に立った本では、分野もテーマも違うのです。

私の知人に、毎年社員の誕生日に本を1冊プレゼントしている社長がいます。その社長は、「(その社員が)今は、この本を読むといいだろうな」と思うものを渡し、誰に、いつ、どういう本をあげたかを全部記録しているそうです。

ご本人は「結構大変」だと言っていましたが、多忙な中、そして、社員の数が増えていく中で、一人ひとりにその時々にふさわしい本を選ぶのは、なかなかできることではありません。

その話を聞いて私もやりたいと思ったのですが、ハードルが高くて未だにできていません(メッセージを直接書き、会社としてのギフトはプレゼントしています)。

プレゼントされるのを待つのではなく、「今の私が読むといい本はありますか」などと、自分から積極的に尋ねていくといいでしょう。

09

趣味を一緒に体験する

視野を広げ、

心の距離を一気に縮めるチャンス

「休日に上司の趣味に付き合う」と言うと、うんざりする人もいるかもしれません。

しかし、《自分の願望に入っている人がオフをどう充実させているかを知り、自分が知らなかったことや興味を持ったことを教えてもらう》――と捉えれば、そこには好奇心と楽しさしかありません。

あなたも、これまでの自分の人生を振り返ってみれば、友人や恋人などから、それまで興味も知識もなかったイベントに誘われて参加したところ、その面白さにすっかり夢中になってしまったこと、そして今では自分の大事な趣味の一つになっているというような経験があるのではないでしょうか。

しかも、その場合、誘ってくれた相手も喜んでくれ、お互いの関係もより深まり、人間関係の幅も広がるのですから、いいこと尽くめです。

私が会社員だった頃、釣りを趣味にしている上司がいました。私は子供の頃に父と何度か行ったことがあるくらいで得意ではありませんでしたが、「行きたいです！」と言って海釣りに連れて行ってもらったことがあります。

太刀魚（たちうお）を釣りに行ったのですが、当日は釣り船がとても揺れて、私は人生で初めて酷（ひど）い船酔いをしてしまい、上司にはだいぶご迷惑をおかけしました。

しかしその後、自分が上司になってみてわかったのですが、あの日、上司は私が船酔いをして世話が大変だったということよりも、釣りに興味を持ち、参加してくれたということのほうがうれしかったと思うのです。

それ以来、私も、社内行事として家族連れで遊びに行く企画のときには、行き先をマス釣りが楽しめる渓谷にするなど、できるだけその上司にも楽しんでもらえるように考えました。そんなふうに相手の趣味を知り、何かの機会に上手に盛り込むことで、さらに相手の願望に入れる感覚がわかったのはその頃でした。

また、休日に上司の趣味にお付き合いさせてもらうと、普段はできない仕事以外の話を上司とじっくりできるというメリットもあります。

例えば、マラソン好きだったら一緒に走ってみてもいいでしょうし、ゴルフや釣りなど遠方までドライブするものであれば、行き帰りの車内で深い話ができます。また、ホームパーティやバーベキューなど家族も一緒に楽しめる企画に参加すると、よりプライベートな話になりますから、意外な一面を見ることもできます。そんな機会にはできるだけ参加することをお勧めします。

ちなみに私の趣味の一つに現代美術の鑑賞があります。

詳しい経緯は「コラム　人生のターニングポイント①」に記しましたが、芸術には高校時代からハマり、ピカソやジョアン・ミロ、岡本太郎、白髪一雄、あるいは、書家では高校の書道部の顧問でもあった曽我英丘や、井上有一らの作品に大きな影響を受けました。

特に岡本太郎の『太陽の塔』を初めて見たときには衝撃を受けました。あれを制作するまでのプロセスに興味を持ったことで、モノをつくるときのストーリーも大事だと実感しました。この作品には「過去、現在、未来」が表現されていると思っていて、そういう意味では、マスコミでも話題にしていただいた私の会社のオフィスも、そこからインスピレーションを受けているかもしれません。

好きな美術館をいくつか挙げれば、彫刻の森美術館のピカソ館（神奈川県箱根町）、東京都現代美術館（江東区清澄白河）、岡本太郎記念館（東京都港区南青山）、大塚国際美術館（徳島県鳴門市）の4つです。

もし、部下がこうした芸術の話に好奇心を持って入ってきたら、うれしくてたくさん語ってしまいそうです。

10

ビジョン・目標を理解する

期待されている役割を知り、評価基準を明確にする

本人としてはとても努力をしているつもりだし、それなりの成果も出しているのに、上司からの評価が高くない、あるいは、願望に入っている気がしない――。もしあなたがそう感じているならば、それは上司のビジョン・目標をきちんと理解していないことに原因があるかもしれません。

サッカーや野球のチームにたとえて考えてみましょう。ある選手がそれなりに優秀であったとしても、チームや監督が目指すプレースタイルや価値観を持っていなければ、中心選手や幹部にはなれません。例えば、チーム全体の成績・成長よりも個人のパフォーマンスを上げることに執着している選手や、ブランドイメージに反した行動をとる選手などは、長い目で見ると、他チームへトレードされたり、チームの幹部の後継者にはなれないケースが多いように思います。

会社員も組織の一員ですから、スポーツ選手ほどではないにしろ同じことです。

ある会社なり、部署なり、チームに所属するメンバーの仕事は、リーダーが持っている目標を達成させることだと思います。だとするならば、上司が今、つくり出したいと思っていることや課題に感じていること、そして、3年先、5年先を見据えて考えていることを、部下は知っておくべきです。

知っていれば、「自分はどんなふうに役立てるか」、あるいは、「どういうことをすればその目標に近づけるか」という考えが浮かび、提案できます。上司の側からするとそうしたことを理解し、提案してくれれば、やはり願望に入りやすくなります。

逆に、いくら熱心に働いたとしても、上司の目指そうとしていることと違う提案をすれば、それは台無しになるどころか、逆効果にさえなります。「こいつ本当にわかってないな」とか、「なんでそんな提案に時間かけているの?」「見ている視点が違うよ」などと思われてしまうのです。

それを避けるためにも、通常の朝礼やミーティングに加えて、１ｏｎ１ミーティング（面談）や同行指導、食事の席など、さまざまな場面で「自分はどんなことを期待されていますか?」とか、「どんなことをすれば貢献できますか?」といったことを聞いていくといいでしょう。つまり、期待役割を正しく認識するということです。

事実、私は当社の新入社員には、「直属の上司からどのようなことをこの1年で期待されているかを必ずインタビューすること。ただし、インタビューする前に上司が何を期待しているのかをまず自分で考えて、箇条書きにした上でインタビューすること」と言っています。

そうすると、両者の考えがピタッと一致するものもあれば、どちらかの考えにズレがあるものも出てきます。特に確認すべきなのは、【自分は書いたけれど、上司が期待していなかったもの】の捉え方です。「考えていなかったけれど、確かにそれも期待するよ」と言われる場合と、「いや、今それはしなくていい」と言われる場合があるので、そこはハッキリさせておきましょう。

また、こうした面談をしてもらう際には、次の3つのことに留意してください。

(1)面談は定期的に行うようにして、進捗状況や自分の期待役割に変化はないかを確認しながら進めていく。

(2)期待役割を理解したら、いつまでに何をどのくらいすれば「成功」という評価になるのかという基準を、具体的に上司に確認しておく。

(3)上司のプライベートでの目標や夢も聞いておく。その人に対する見方も変わってくるし、それにつながる情報を自分がキャッチアップしやすくなる。お互いに叶えたい未来を応援し合える関係になれたら、その組織は強くなる。

これらを確認し合うことで、単なる上司と部下というよりも、「相棒」とか、「欠かせないパートナー」という位置づけになっていくのです。

11

愚痴や不平に逃げない

理不尽だと思うことをそのままにせずに話し合う

「理不尽な扱いを受けているように感じる」とか、「あの上司とは上手くやっていく自信がない」などの声が寄せられることがあります。

具体的な状況を聞かなければ、そのあたりについての最適な答えは出せませんが、もし私が部下としてそうした感情を持ったとしたら、上司に【自分はこういうことを理不尽に感じている】ということを素直に相談します。

なぜなら、私は、コミュニケーションの問題はその場で解決したほうがいいと思っているからです。理不尽なことをそのまま放置すると、その後に上司に対する敵対心や不満のようなものがどんどん蓄積されてしまいます。当然、モチベーションは下がり、自分の発揮できるパフォーマンスは低くなります。上司との人間関係も悪くなるでしょう。

そうならないためにも、根拠となる実績や理由を示しながら、自分としては最善を尽くしているつもりであると、相談してみるのです。

あなたの気持ちを伝えてみて、上司が「そうか、わかった」と理解してくれればそれでいいですし、逆に、「それは違うでしょ」となったときには、「自分が思っている視点と上司の視点は違う。そこまで考えなければいけないのか」という気づきを得られます。

視点の違いとは、仕事に求めるレベルの違いかもしれないし、上司の評価とあなたの自己評価の違いかもしれません（良い意味でも悪い意味でも）。また、部下には見えにくいところでは、会社（部署）全体のことを考える視点の高さの違いかもしれません。

例えば、経営においては「絶対」がないので、上司も社長も、とりあえずやってみないとわからないと考えるところがあります。会社の将来を考えたときに、失敗の確率のほうが高いと踏んでいたとしても、これは今、試しておかなければいけないので部下にチャレンジさせる。惨憺(さんたん)たる結果になるかもしれないが、やってみて本当にダメなら別の戦略を考える——という判断をすることもあるのです。

一方、部下の仕事は、上司が指示したことをいち早く実行することです。また、「指示通りやった結果、上手くいかない」ということを証明するのも、時として部下の仕事の一つになることがあります。

しかし、そのことを理解できていないと、部下は理不尽さを感じやすくなります。上司のほうも、自分の指示したことの背景や理由を十分に説明できていない場合があります。理不尽を感じるという背景には、そうした行き違いがあるということを理解できれば、納得できることが多いのです。

そして、その納得をつくるのは、ほかでもない自分自身です。

上司の発言に理不尽さを感じることが多いという人は、上司と積極的にコミュニケーションをとるようにして、自分が納得できるだけの情報を集めましょう。

そうした努力をせずに、ただ理不尽さや不満を溜め込んでいる人は、解決から逃げているとも言えるのです。

とはいえ、中には本当に酷い上司もいるでしょう。しかし、それはそれで反面教師として「自分が上司になったらそういうことはしない」ということに気づけたと思えばいいのです。

人間は完璧ではありません。上司に欠けているところがあるならば、まずは会社のためにあなたがそこを補うことができないかと考えましょう。また、他人に求めすぎないことも大事です。「上司はこうあるべきだ」と考えてしまうと不満も溜まってしまいます。自分の思い込みのフィルターは外しましょう。

大事なのは、将来自分がどうなるかです。私なら、上司のダメな部分に早く気づくことができて、むしろラッキーだと思います。

STEP ①

「上司の願望に入る」ためのアクション

01〜11で取り上げた内容を、あなた自身のこととして考えてみましょう。答えられないところは、上司に質問するなどして埋められるようにしましょう。

行動するための問いかけ

問いかけ	No.
上司が仕事において重視していると思うことを3つ挙げてみましょう。そう思う理由は何でしょうか。	01
先ほど挙げた上司が重視していることについて、あなた自身が今のキャリア・立場でサポートできることは、どのようなことでしょうか。	02
あなたが思う上司の良いところ・好きなところを挙げてみましょう。	03
上司の人生においてのターニングポイントを知るために、移動中や打ち合わせの合間に質問することをメモしておきましょう。	04
上司の好きなこと・嫌いなこと（食べ物や服装・持ち物等）は何でしょうか。日頃の行動・言動から垣間見えることを書き出してみましょう。	05
過去に、上司から突然仕事を頼まれたときに、「はい」か「YES」で答えられたでしょうか。答えられなかった場合、答えるためにはどうすればよかったでしょうか。	06
上司のお勧めの本や映画と、それらの感想をメモしておきましょう。	07
上司が自分と同じ年齢だったときにどのような勉強をしていたか質問してみましょう。	08
上司の趣味を書き出してみましょう。その中であなたが一緒に体験できるものに○をつけてみましょう。	09
上司があなたに期待している役割は何だと思いますか。	10
日頃、理不尽さや不満を感じていることを書き出してみましょう。またそれに対して納得感を持つためにあなたができることは何でしょうか。	11

あなたの答え

［コラム］人生のターニングポイント①　高校時代

上司の人生の軌跡や価値観を理解すると、相手への興味や親近感がより強くなるという一例として、私の「過去のライフチャート」をご紹介したいと思います。

私の人生のターニングポイントは、高校1年生のときに、がんで闘病中だった父を看取ったときです。朝の8時頃でした。父の心電図が、「ピッ…、ピッ…、ピッ…、ピッ…、ピ――――………」と止まったとき、悲しさや辛さといった感情と同時に、「人生ってあっけないな、人は必ず死ぬんだな」と思いました。

母は泣き崩れており、病室の空気は重くどんよりとしていました。私はそんな状況に耐えられず、カーテンを開けて陽光を取り込もうとしたところ、病院の前の道を歩いて登校する小学生や出勤するサラリーマンの姿が目に入ってきたのです。

ごくふつうの日常がそこにありました。父は亡くなったけれど、世の中は何事もなかったかのように動き、地球は回っている――。自分が死んでもそうなんだろうなと思いまし

COLUMN

た。

「自分は何のために地球に生きているんだろう?」

これが、父の遺したラストメッセージだったと思い、そこから人生模索の旅が始まります。

私は、まず芸術に傾倒していきました。きっかけは高校の書道部の顧問だった曽我英丘先生との出会いでした。前衛書道家としても知られる曽我先生の《宇宙》を描いた作品に触れたときに衝撃を受け、いわゆる《きれいなもの。美しいもの》と《本当にすごいもの》は全く違うということを理解します。

その後、夢中になったのは芸術家の岡本太郎さんでした。代表作『太陽の塔』を見て、私は高校の敷地内に自分も塔を建てようと考えます。冷静になってみると無謀な試みですが、『草』という漢字をモチーフにした塔を建てたい」と言って高校と交渉したところ、なんと許可を得ることができたのです。

それを実現できたときに、私は「自分にしかできない自分だけの価値を創造していきたい。それくらい価値ある自分になりたい」と思いました。そして、その生き方を自分で「超越」と名付けると、エネルギーが身体中に溢れ出てきたのです。

(続く)

STEP① STEP② STEP③ STEP④ STEP⑤

上司を最高の味方にする

STEP②であなたが目指すゴールは、上司を最高の味方にすることです。

今、全米メジャーリーグでスーパースターになっている大谷翔平選手は、100年に1人の才能の持ち主であるのは間違いありません。ただし、彼が二刀流としてここまで成長することができたのは、彼自身の努力以外にも、花巻東高校時代の監督*、北海道日本ハムファイターズやロサンゼルス・エンゼルスの幹部や監督を最高の味方にしてきたことも大きな要因だったと思います。

会社員も上司を味方につけない限り、さまざまな意味でチャンスを失います。組織において出世するには、上からサポートし、引っ張り上げてくれる上司の存在が不可欠だからです。

自分が全力で努力すると同時に、その視点も忘れずに持っておきましょう。

*二刀流を応援し、目標達成のためのシート『マンダラチャート』を書かせた。

12

「上司の目」から見る

「知っている」と「やっている」は全くの別物だと理解する

私は本書を、自分が若かった頃にどうしていたかという「一社員の立場」と、今、自分が部下をどう見ているかという「経営者の立場」の二つの視点から書いています。だからこそよくわかる重要なことがありますので、STEP②に入っていく前に、次の3つのことを確認しておきたいと思います。

(1)「知っている」と「やっている」では、つくられる現実が全く違う

(2)「意識しているレベル」と「行動しているレベル」は全く違う

(3)当然、上司が評価するのは後者のレベルであるが、部下はそれがわからず不満を持ちやすい

本書に記していることは働く者としての基本であり、あなたもどこかで聞いて知っていることが多いと思います。しかし「知っているだけ」、「意識しているだけ」では、全く意味がないのです。

例えば、このようなわかりすい例で比較したらどうでしょうか。

A　親切にしてもらったら「ありがとう」と言うと、相手も喜んで人間関係が良くなることは知っている。

B　親切にしてもらったら、いつも「ありがとう」と言っている。だから人間関係が良いし助けてもらえる。

これはいささか極端な例ですが、本書の目次に並んでいるような取り組みの一つひとつは、本質的にはこの例と同じことです。仕事における成長や悩みの多くは、AをBに変えるだけ――つまり、「やればよいと知っているけれど、自分はやっていないこと」を真面目に実行し続けるだけで解決するケースが大半なのです。

さらに、それを本当に実行している人はとても少なく、実行し続けている人はさらに少ないので、あなたが自分のレベルを上げながらコツコツと努力していけば、知らぬ間に周りの人と圧倒的な差をつけることができます。

実際、私はあらゆる機会を使って会社の内外で自分の経験を話していますが、私の話を聞いて満足（あるいは反省）だけしている人と、本当にそうなるかやってみた人とでは、やはり大きな差がついていると思います。

少なくとも、その後で私のところへ詳細に報告するなり、質問をしてくれた人たち――そんな人は数えるほどしかいないのですが――の多くは、会社内で出世するなり、独立して経営者になるなりして大きく成長されています。

一つひとつは簡単なことなのです。やってできないことなどないはずです。

大事なのは、その簡単なことを積み上げること。1年、2年、3年と経つと、もはや埋めようのない大きな差になっていきます。

本人の資質など、ほとんど関係ありません。やるか、やらないかです。

とはいえ、それが難しい面もあるのは、人間は知っていること、意識していることは、自分では当たり前に実行していると思いがちなところがあるからです。

しかし、それはあくまで自分の感覚であって、上司から見れば「全く行動が足りていない」という評価かもしれませんし、「もっともっとできるはずなのに本気が出ていない」という評価かもしれません。あるいは、「やってほしいことと違うことをしている」ということなのかもしれません。

その答えは、STEP①で紹介しているように、上司とのコミュニケーションを密にすることで判明するはずですが、ここで大事なことは、【自分は実際に行動し、現実をつくることができているだろうか。そして、自分が上司だとしたら、自分の今の取り組みをどう評価するだろうか】という冷徹な視点をいつも忘れないことです。

それを踏まえて、厳しく自己評価をしながら読み進めていただければと思います。

13

心身のコンディションを保つ

良い生活習慣が信頼と未来をつくる

質問です。あなたがプロのサッカー選手だったとして、朝9時からキックオフだと言われたら、何時に会場入りしますか。

この質問をすると、ほとんどの人が「1、2時間前には到着してウォーミングアップする」と答えます。試合開始10分前、ましてや5分前というようなギリギリに到着すればいいという考えの人は一人もいません。

では、会社員のあなたは始業何分前に職場に着いていますか。ギリギリの時間に起床し、慌ただしく身なりを整え、始業数分前に到着している人もいると思います。

その反対に、時間に余裕を持って出社し、その日の仕事のシミュレーションを頭の中で行い、上司や先輩をつかまえて相談し、さらには簡単な雑務やデスクワークはお茶を飲みながら済ませてしまっている人もいるでしょう。

前者のような働き方をしていては、朝からトップスピードで働くことができません。仕事のできる人は、ほぼ全員が後者のような習慣を持っているはずです。

もちろん、「始業時間に間に合えばいい」という理屈もあります。労働時間に対して賃金が支払われていると考えればその通りです。しかし、認識しておくべきなのは、賃金は価値に対して支払われるということです。人によって給料が違うのはそのためです。

あなたが、「自分の年収を上げたい、もっと評価されたい」と考えているのなら、時間ではなく価値に対してお金が支払われるという認識の下、【決められた時間の中でどれだけパフォーマンスを高められるか】に焦点を当てて仕事に臨みましょう。

この話を広げると、朝の行動だけではなく、食事、睡眠、運動を軸とした毎日のコンディションづくり、もっと言えば長い仕事人生における心身のコンディションづくりが大事だということです。安定したコンディションの人は、いつも一定のクオリティで仕事を仕上げられるため、たまにがんばる人よりも上司からの評価も信頼も高くなります。

若いうちは睡眠時間を削ってでもがんばらなければいけないときがあると思いますが、それが常態化するようなやり方は良くありません。それよりも、十分な睡眠と休養を取り、心身ともに高いパフォーマンスを安定的に出せるリズムやルーティンをつくっていきましょう。私自身、以前は「遅寝、早起き」が常態化していましたが、40代に差し掛かってきた頃から就寝時間を早めたり、ジムで体を動かす時間を設けるなど、規則正しい生活を心掛けるようにしています。

そうしたことを踏まえて、私の会社では、「コンディションチェッカー」といって、出社したら、「出勤時間、退勤予定時間、睡眠時間、体温、メンタルと体調（天気予報マークを使って5段階で表現する）」をセルフチェックして申告することになっています。

入力の結果、睡眠時間が4時間を切っている社員がいたら昼寝をさせますし、セルフチェックでメンタルや体調不良を3日続けて申告した社員がいたら、上司が面談をします。

また、人間は口に入れたものからできているので、社内ではジャンクフードを食べることは禁止しています。将来的には、栄養士さんを社内に入れて、食事管理やランチ・モーニングの提供もしたいと思っています。

人生という長いタームで見ると、良くも悪くも若いときの生活習慣が人生をつくるところがあります。そのことも忘れてはいけません。

男性の場合、結婚して子供ができても夜遅く子供が寝た後に帰宅して、冷えた食事を電子レンジでチンして食べる。あるいは外食ばかりになる。朝は子供の寝顔を見ながら家を出るので、平日はほとんど家族と会話がない。土日は疲れ切っているので昼まで寝てグータラしている。日頃、子供たちと話をしていないので、いざ話しても会話がかみ合わない――といった状況に陥りがちです。これでは、自分も家族も幸せとは言えないでしょう。

不規則で不健康な生活が続けば、人生100年時代にあって、中年以降に身体を壊す確率も高くなります。

14

上司と話せる機会は逃さない

口下手な人でも上司との会話が弾むコツ

若手社員、特に新入社員が上司と込み入った話ができるチャンスはあまりないと思います。だからこそ、その時間を大事にしてください。

例えば、客先に同行してもらうときのクルマや電車、新幹線などの移動中、職場の飲み会では、必ず上司の隣に座って会話をしましょう。そのときに何も聞かず話さないのは、あまりにももったいないです。自分のことを上司に質問してもらうのを待っているだけの人が多いからこそ、上司に興味を持って積極的に質問することで、自己PRができます。

私が知る限り、若くして成功した人は、そうした状況のありがたさと重要さをわかっていて、ここぞとばかりに、仕事に直結する現実的な質問をしていた人です。

もっとも、今のコロナ禍にあっては人の移動自体が減って、オンライン面談に切り替わってきています。その場合は、ミーティングや商談の15分くらい前に入ってもらい、事前にすり合わせをしたり、個人的な確認や相談しておきたいことなどを話す、あるいは、ミーティングや商談が終わった後にそのまま画面上に残ってもらい、10分くらい時間を取ってもらえるようにお願いしておけばいいと思います。

とはいえ、「上司と話をするチャンスをつくっても会話が続かない。気まずい」という人もいると思いますので、私からいくつか質問に関するアドバイスをお伝えします。

(1)事前に質問リストをつくっておく

若手なら誰でも仕事のやり方などで聞いてみたいことはあるはずですが、上司を毎日つかまえて聞けるわけではないので、日頃からその質問を溜めておくのです。

経営者である私が、たまたま部下と話したときに、「すみません、ずっと聞きたいと思っていたことをリストにしているのですが質問してもいいですか」と言われたらとても感心しますし、時間の許す限り答えてあげたいと思います。

用意しておく質問は30個くらい書き出しておけばいいでしょう。真剣に働いていれば、そのくらいの質問は出てくると思います。

(2)上司が自分と同じ年齢の頃にどんな価値観で働いていたかを尋ねる

質問は仕事に直結するものでも、雑談のような話でもいいと思いますが、私の経験上、一番簡単な話題は、その先輩が過去に（自分の年齢くらいのときに）どのように、どのような価値観で、何を目指して仕事をしていたのかを尋ねることです。興味を持って聞けば、話が尽きることはないと思います。

(3)自分では解決できなかったことの解決策を具体的に尋ねる

営業職ならば、お客さまとの一連のやり取りの中で、自分では解決できなかったことに対して、「(上司なら)どう対応しましたか」とアドバイスを求めてもいいでしょう。個別・具体的な質問に対する回答の一つひとつが、自分の中の引き出しを増やしていきます。

(4)YESかNO、あるいは一言で答えられるような質問は避ける

例えば「映画が好きなんですか」という聞き方では、「そうだよ」の一言で会話が切れてしまいますが、「次に観る予定の作品は何ですか」とか「人生を変えた作品はありましたか」などと聞けば会話は自然と広がりますし、上司の価値観を深く知ることができるかもしれません。

伸びる人と伸びない人の差は、素質の差ではなく、上司の知見や時間を自分の成長のために使えるか使えないかの差です。部下から質問されることで、上司は自分が語りたいことを語る機会ができ、それによって部下が成長するのですから、むしろうれしいのです。

そしてこうした普段の何気ない場での会話で、上司は無意識に部下をジャッジしています。

15

所作を観察し、尋ね、真似をする

それをした理由こそ、上司が一番話したいことであるあなたが成長したければ、自分より先を行っている魅力的な人の思考や行動――つまり、所作を素直に取り入れることが大事です。例えば、上司の出社時間が早い場合には自分も同じかそれより少し前に行く。上司のように言い訳はしない。あるいは、提案時に上司が使うキラートークを盗んでもいいでしょう。仕事で伸びる人は、皆そうしています。

それに対して、伸びない人は「自分らしさ」を盾にして、他人のやり方を真似ることをしません。「それはその人の考え方だ。自分には合わない」と言うのです。

しかし、あなたが高いパフォーマンスを発揮してキャリアアップしたいのであれば、上司のことを素直に真似してください。あなたよりも成果を出していて、自分と違う発想や考え方を持つ人に関しては、一度はその所作を真似し、自分の行動を変えてみるべきです。すると上司の願望に入りやすくなり、チャンスを与えられるようになります。その期待に応えられれば仕事を任せられるようになって、自分らしく働けるようになるからです。

上司と同じタイミングで自分も同じことができるようになると、「そうそう、よくわかっているな」と信頼感が一気に高まります。「今このタイミングで言ってほしくないな」あるいは「やってほしいな」といったことが阿吽（あうん）の呼吸でできる人が上司の願望に入れるので、それをつかむためにも所作の真似から始めるとよいのです。

誰でもすぐにできる例を挙げると、私は会社員時代、所属していたアチーブメント株式会社の青木仁志社長（現・代表取締役会長兼社長）の所作を常に観察し、真似をしていました。青木社長は、人に対する気配りや目配りに優れた方で、部屋が寒いとか、相手の飲んでいるお茶がなくなっているといったことにいち早く気づき、自ら行動するか、部下に指示して対応していました。

エレベーターのボタン押しもそうです。社長にまでなればふつうはエレベーターのボタンを部下が先に押すはずですが、青木社長は常に自分が先に押していました。社長なのにさっと操作盤の前に立ち、押してしまうのです。私は青木社長より早くボタンを押そうと決めてから、実際にできるようになるまで2年くらいかかりました。

ちなみに、私のその習慣は今の会社にも受け継がれていて、社員が私より早くエレベーターの操作盤の前に行くことはありません（笑）。

所作を真似るための基本はよく観察することですが、他の人には見えない部分で毎日の大事なルーティンがあるかもしれませんから、そこは素直に尋ねてみて、取り入れられるものから一つずつ真似てみるといいでしょう。

所作について質問するときに意識するとよいのは、次の二つのポイントです。

(1)所作を観察しつつ《いつもとの違い》に注目する
(2)《このケースではなぜそうしたのか》という理由を尋ねる

私が上司として見てきた部下のうち、とても仕事のできる人や成長した人は、必ずと言っていいほどこの二つのポイントを実践していました。例えば、

「なぜあのとき、この質問をされたのですか」
「普段はこちらの資料なのに、なぜあのときは別の資料を提示されたのですか」

といったように、その時々の言動に対して、背景にある理由をつかもうとするのです。

あの上司がそんなことにいちいち答えてくれるものだろうか——。

そう思った人、あるいは、思ってきた人は非常に損をしています。

確かに表面的な質問にはあまり答える気にならないでしょうが、前述のような質問なら教えてくれる、いえ、それどころか、実はこれこそ部下に話したいことなのです。なぜなら、そこには上司が考え抜いてきたノウハウやコツ、その仕事の真髄が詰まっているからです。しかも、その質問は《いつもとの違い》をよく見ていないとできません。いつもと違うときに人はその理由を聞きたくなるものなので、上司は部下のそうした姿勢と気づきに対して「おっ、よくそこに気づいたな。さすがだな」と感心するのです。

16

日報の質を高める

事実を報告するだけでは不十分。
記載すべきは「8つの情報」

報連相（報告、連絡、相談）をこまめにする——というのは、ビジネスの世界では常識です。やはり、何か指示を出している上司に対してこの3つが滞ってしまうような人が、可愛がられ、評価され、信頼されるのは難しいと思います。

ここでは、日報の質を高めることに焦点を絞っていきますが、ダメな日報というのは、簡単に言うと「気持ちが入っていない日報」です。提出しなければいけないものなので、出すこと自体が目的になってしまっているような内容のものです。

それに対して、良い日報とは、事実がきちんと報告されていることに加えて、上司の意思決定につながるであろう材料、さらには自分の見解や提案まで記されている日報です。

事実情報から自分の見解が表現されているといいのは、部下にとってそれが自分自身の学びにもなるからです。日報を提出する本当の目的とは、その1日にあった出来事の意味を捉え、それを未来につなげていくことです。

例えば、

× 「今日はA社と面会したが、契約には至らなかった」

○ 「今日はA社と面会したが、契約には至らなかった。そうなった原因は、納得いただけるだけのデータが不足していたからであると思う。明日は、それを踏まえてA社に

とってより有益となるデータ収集と資料作成を行い、次回のアポイントを確定させる」

と、後者のように日報を書けている人は少ないのです。

ちなみに、私の会社では日報に次の「8つの情報」を織り込むことになっています。

(1)数字の実績（時間ごとの業務の質・量）
(2)お客さまの声・変化（「事実（状況）」と「自分の考え」を区別して記載する）
(3)ライバル（競合）の情報
(4)市場やビジネスパートナーの情報
(5)仲間の声・情報（「事実（状況）」と「自分の考え」を区別して記載する）
(6)自分の考え（気づき・所感）
(7)周囲への感謝・賞賛
(8)新しい提案・改善案

また、こうした質の高い日報を提出し続けていると、上司が「これについては自分で考えていいよ」とか、「もう私のチェックは要らないから」と言うようになります。

そうやってロールプレイングゲームのように、一つずつ自分の裁量を増やしていくのが仕事の肝であり、楽しさだと私は思っています。

「8つの情報」で記載した新入社員の日報

粗利やアポイント数などの目標と実績(進捗)も記載

今日のスケジュール ※省略
※何時から何時まで何をしていたのかを記載

①数字の実績
<粗利>半期目標:1350万円　実績進捗:283万円(進捗20.9%)

②お客さまの声(褒められたこと・指摘・クレーム)
【声】:株式会社CのIさん
「日報って、どんな目的で書いているんですか？　うちでは結構、作業になってしまっていて形骸化しているのは否めないですね」
→採用以外の領域についてご質問をいただきました。社内で当たり前にやっていることや新しく導入されたことの目的を、会社の言葉で語れるようにします。

③ライバル(競合)の情報
就活生の「内定辞退」をなくすため、面接官の誰もができるシンプルなこと。
→自己紹介という当たり前の手法をいかに接触の早期段階から行えるかは、ポイントになりそうです。https://finance.yahoo.co.jp/news/detail/xxxxxxx

④市場やビジネスパートナーの情報
「自動車整備士の志願者激減、人材の奪い合い…社長『引き抜きの電話ある』」
→少子化、大卒志向、車離れが影響し、育成側と採用側で人材不足を実感。採用力と育成力が「町工場が生きるか死ぬか」の分かれ目になりそうです。
https://news.yahoo.co.jp/articles/xxxxxx

WEBの日報の場合は、URLなどがあるとよい

⑤スタッフの声
【声】:Mさん　月次面談にて
「先読み行動に期待。1日、1週間単位ではなくて、1カ月単位で自分のスケジュールをコントロールすること」
→ギリギリで納品しなくてはいけない案件が見つかったりと全体像が見えていない場面がありました。お客さまを巻き込んでしまえばクレームにもなりかねないので自分のスケジュールを立て、上司と壁打ちした状態でスタートを切る。

⑥自分の考え(所感)
ほぼ全お客さまと連絡を取り、しっかりやりきって終わることができました。

入社して半年。数字で会社に貢献できたと実感する部分はありますが、良い会社を創ることに貢献したいので、来期に向けたさらなる成長の余地を感じます。

⑦今日の39
・Mさん、Kさん、株式会社Cさんのご対応ありがとうございます！
・Mさん、面談ありがとうございました！！

⑧提案・情報シェア
日報の書き方セミナーをお客様に提案してみてはどうでしょうか。

17

役立つ情報を「差し入れ」する

「上司が見たい景色」を一緒に見ようとする姿勢を示す

差し入れというと、休憩時間に食べるちょっとしたお菓子や出張などのお土産をイメージする人が多いと思います。

しかし、上司の側からすると、「昨日、帰り際にお話しされていた件ですが、こういう情報がありました」とか、「競合他社のニュースですが、もうご存知でしたか」など、関心があっても忙しくて調べられていないような情報や、知らなかったニュースを差し入れしてくれるのはありがたいものです。

関連する企業の商品の提案書や、自分が参加した勉強会やセミナーの資料やメモを提示したり、自分たちの事業に関わる情報を見つける度にリンク先を送ったり、プリントアウトして届けるといったような差し入れもいいと思います。

この差し入れをもう一段グレードアップするには、そうした資料に自分なりに調べた事実や見解を加えてみてください。

例えば、「この前おっしゃっていた件ですが、自分も調べたところ、競合他社ではこういう新しい取り組みが始まっていました。自社でもこの点は取り入れられないか、他部署に掛け合ってみます」といった具合です。

こうした情報提供についても、考えすぎて行動できない人がいると思いますので、私の立場から情報を差し入れする際の助言を3つ挙げておきます。

(1)受け取る側の上司として、「こんな情報は要らない」と思うことはないはずなので、考えすぎずに上司に届ける。大事なのは、あなたが持っていく人か、持っていかない人かということ。

(2)情報を届けるタイミングは、旬なうち、つまり、早いほうがいい。

(3)情報を届けた上で、「私はこの社長とつながっていますので、私から連絡しましょうか」といったように、自分の持つ付加価値を示して提案するとなおよい。

繰り返しますが、大事なのは、やるか、やらないか。「上司が喜ぶのではないか」と思った情報を届けるか、届けないかです。躊躇（ちゅうちょ）する必要はありません。もし、自分が届けた情報が的外れなら、届けたときに何らかのフィードバックやリクエストをもらえますから、その都度、修正していけばいいのです。

そうした情報を、実際に自主的に届けている社員は、世間的にはかなり少ないはずです。だから、それを続ければあなたの株も上がるのは間違いありません。

《きちんと仕事のアンテナを張っている》、あるいは《上司が求めていることをよく把握している（把握しようとしている）》という評価を得られるでしょう。

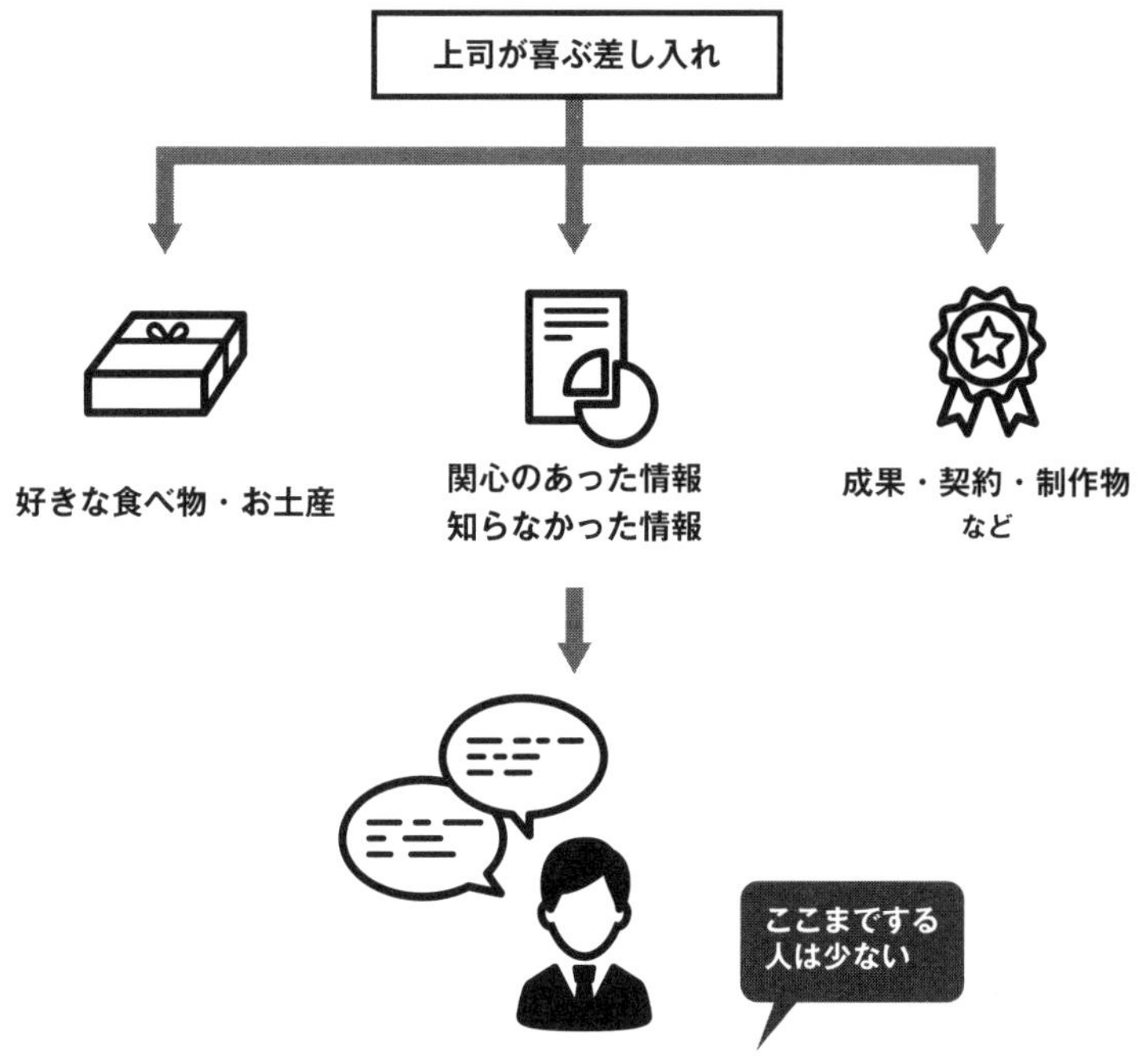

上司は情報の質よりも部下の姿勢を評価する。
躊躇せずに届け続け、フィードバックをもらううちに
情報の質は高くなっていく。

18

報連相を受ける側に配慮する

悪い情報ほど早く。議事録・レポートは即配信

報連相（報告、連絡、相談）において大切なのは、自分の都合で行うのではなく、それを受ける相手の都合を考えることです。

例えば、かつての私の直属の上司は女性だったのですが、子育てをしながら仕事をしていたので普段は比較的早く退社し、週に一度だけ夜遅くまで会社に残ってその日に集中して業務処理をされていました。

そこで私は、上司への報告や相談は、その日、上司が業務を片付けて一息ついた頃を見計らって行うようにしました。様子を確認して「今日は時間が大丈夫そうだな」と思ったら、ミルクを入れたコーヒーをお持ちして、「いろいろ確認したいことがあるのですが、ちょっといいですか」と言って、毎回30分から1時間ほど時間をいただいていました。

上司が忙しそうなときや、自分に仕事があってその時間に会社にいられないときには、メモを添えて、見せたい資料を上司のデスクの上に置くなどしておきました。

ちなみに、上司によってはスマホを24時間手元に置いていて、「何時でもいいから（メールなどで）報告しろ」と言う人もいるでしょう。夜中に報告したら「もっと早く送れ」と怒る上司もいると思います。

自分がどんなに忙しくても、報連相はこまめに欲しがる人もいます。逆に、「そんなことはいちいち報告せず、自分で考えろ」と報連相を敢えて否定して部下の成長を促す人もいます。

このように、上司のタイプもいろいろ、職場の環境もいろいろですから、最適な行動はそれぞれがそれぞれの場面で、受け取り手の都合を考えていくしかありません。

もっとも、クレームやトラブルなど、急を要する事例については、上司のタイプがどうであろうが、すぐに報連相（できれば電話）することが重要です。

上司が少しでも早く欲しい情報は悪いニュースです。悪い情報の場合、対応が遅れれば遅れるほど事態は悪化し、上司によるフォローが難しくなります。適切なタイミングを逸すれば、どうやっても取り返しのつかないような案件もあります。

だから私は、上司から「もっと早く言ってくれたら……」とは絶対に言われない、いや言わせないような報連相を心掛けていました。

早いほうがいいと思うのは、議事録やレポートの配信も同じです。

どの会社でも、議事録やレポートの配信は若手がやることが多いはずですが、こうしたレポートは会議や研修が終わって数日後に回ってくるケースが多いようです。

しかし、これも早く終わらせてしまいましょう。この場合は、緊急性というよりも、新鮮で参加者の関心が高いうちに情報を共有したほうがいいと思うからです。

会議中や研修中からまとめ始める、もっと言えば、その時間中に仕上げてしまうくらいの意識で取り組み、終了後にあまり時間を空けずに配信してしまいましょう。

さらに敢えて理由を付け加えるならば、あと二つあります。

一つは、同じ「報告する」ということでも、スピードによって評価に違いが出ることです。相手が「このくらいだろう」と予想しているところへ、「もう送ってきたのか。仕事が速いな」と感じさせて、その予想を超えてみせることが大事なのです。

もう一つは、優先順位の低い仕事を溜めずに済むので、ストレスがなくなることです。

正直、議事録やレポートというのは、仕事としての優先順位はそれほど高くありません。しかも、日にちが経てば経つほど急速に皆の関心が薄れていきます。

だからこそ、あれもこれもとやらなければいけない業務が日々溜まっていく中で、議事録やレポートの配信は後回しにしてしまうことが多くなります。

しかし、そういうことを早めに片付けていくと、自分の評価を上げられる上に、仕事のストレスを減らすことができるのです。

19

主語を「私」ではなく「私たち」で話す

提案を聞き入れてもらいやすい人の話し方

会社の中を見渡してみると、なぜか上司への提案がスッと通る人と、毎度毎度通らない人がいます。

提案の内容が全く同じだという前提で、提案を通りやすくする方法の一つに、主語を『私は』ではなく、『私たち』にするという言い方があります。

例えば、次の二つを比べてみてください。

A 「私はウェブの仕事をやりたいです。やらせてください」
「自分は広報の仕事にチャレンジしたいです」

B 「会社にとって自社のウェブの情報を見直したほうがいいのではないでしょうか」
「会社の3年後を考えたときに、私たちは広報・PR活動を拡充すべきだと思います」

いかがでしょう? 結果的に同じ取り組みを提案しているとしても、その伝え方によって、上司や周囲の受け取り方が違ってくるのがわかると思います。

もちろん、Aのように「自分がこうしたい、ああしたい」という積極的な姿勢は大事なのですが、場合によっては、「わがまま」「自己中心的」などと、嫉妬も含んだ批判的な見方をされかねません。

そうではなく、組織の一員としてもっと高い視座から、つまり、部署や会社の発展を目的として「私たち」を主語に話すことを意識するといいでしょう。

特に新人の場合、これができる人は少ないので、周囲の評価も変わってくるはずです。

かくいう私も、会社員の頃は事情をよく知らない同僚から「近藤さんは自分のやりたいことをやっているよね」と見られていたことがあったかもしれません。

しかし、私の中では、「会社がどうすれば発展するか」「社長が考えている会社の未来像にどうやったら近づけるか」という軸に基づいて、提案書を書いたり、新事業の企画をしてきました。そのことは上司や周囲のメンバーは理解してくれていたと思います。

ちなみに、「私たち」を主語にして話をする際に、二つの大事なポイントがあります。

一つ目は、「過去や現在の課題に焦点を当てるよりも、未来の改善案や解決案の提案に焦点を当てること」です。

上から目線で「ここがダメだ」とか、「これが原因だ」などと現状の課題のみを追究していると、上司や同僚への批判になり、無用な反発を受けてしまいます。また、「同じメンバーである自分はどうなんだ?」というブーメランを食らうこともあるでしょう。

そうではなく、「こういう会社をつくっていきましょう」「こんなやり方はどうでしょうか」といった未来を見据えた話し方をしたほうがいいのです。

やりたいことがあったら「私たち」を主語にする

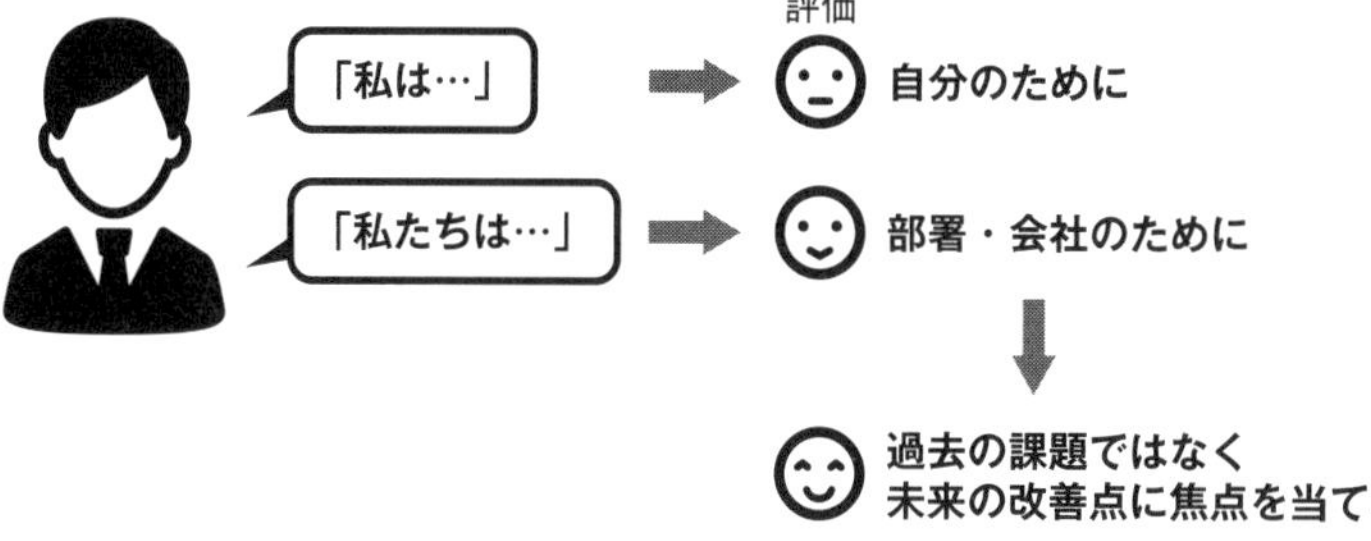

二つ目は、その上で、「自分にやらせてください」「自分にはこういう案があります」と、最終的には自分が先頭に立って行動する気概を見せることです。

「会社としてこうしたほうがいい」と指摘するだけでは、上司としてはあまり評価できません。その目的は「会社のために」とした上で、実行の主語は自分にあることが大事です。指摘したことに対して「自分は何ができるか」というところまで落とし込むことを意識してください。アイデアや気づきを言うだけで実行が伴わない人は、周囲から信頼されません。

２０

良質な人脈を紹介してもらう

人間は多くの人との出会いで成長する

ビジネスパーソンとしてはもちろん、人間として自分を成長させていけるかどうかは、社内外を含めてどれだけたくさんの優れた人と交流するかどうかにかかっています。

例えば、あなたが営業職だとします。自分の上司からも学ぶところは多いと思いますが、優秀な営業担当者は他部署にもいるはずです。

そこで上司に、「営業力を伸ばすには、どういう人に同行させてもらったらいいですか」「どの人に教えを請うといいでしょうか」などと尋ねてみて、場合によっては間に入ってもらうように頼んでみるとよいと思います。

「先生」となる人は社内に限りません。上司は社外にもさまざまな人脈を持っているでしょうから、お客さまや知人・友人などと会食をする際に同席させてもらう、あるいは、社外のビジネスパーソンと良い交流が持てる場を紹介してもらいましょう。

また、上司の人脈を借りて、各分野のプロフェッショナルを勉強会に招き、講師をお願いするという手もあります。

例えば、私の会社の場合、新卒のマーケティングのスタッフはいますが、マーケティングのプロフェッショナルは現在いないので、役員の人脈から紹介してもらい、アドバイスをもらう機会をつくっている例もあります。

この場合のポイントは、大事な人脈を紹介してもらったら必ず報告とお礼を入れることです。特に、直属の上司以外の人や、お客さまから紹介していただいた場合は、「おかげさまでお会いできました」と、きちんと結果を報告することが大事です。

感謝を伝え、礼儀を欠かなければ、また別の機会にも紹介していただけるでしょう。

もう一つ大事なのは、今の自分にどんな課題があり、何のために、どういう人と会いたいかを、常に周りに発信することです。

かつて私も自分の現状を上司に話していたところ、「だったら、こういう社長に会わせてあげるよ」とか、「近藤君はA社に提案しているのか。A社の社長はB社の社長とつながっているから、私がB社の社長に頼んでA社にプッシュしておいてもらうよ」と、その場で電話をかけてもらえたことも何回かあります。

また、発信が大事という例では、こんな珍しいこともありました。

以前、私の部下が、「この会社に提案したいと思っているのですが、社長さんとなかなかつながらないのです。近藤社長はこの社長さんをご存知ですか」と相談してきました。

そのことを私がSNSに書いて「うちの社員がこういう社長とつながりたいと言っています」と発信したところ、ある会社の社長が「それなら私が紹介しますよ」と連絡をくださったのです。

聞いたところによると、理論的には自分の知人の中から人脈を4、5回（人）辿っていけば、どんな有名人ともつながることができるそうです。現代はSNSが普及しているので、もっと簡単になっているかもしれません。

そうした観点から見ても、やはり、自分が成し遂げたいことがある場合は、それを周囲に発信することがとても大事だと言えるでしょう。

上司や目上の人の人脈を使わせてもらう

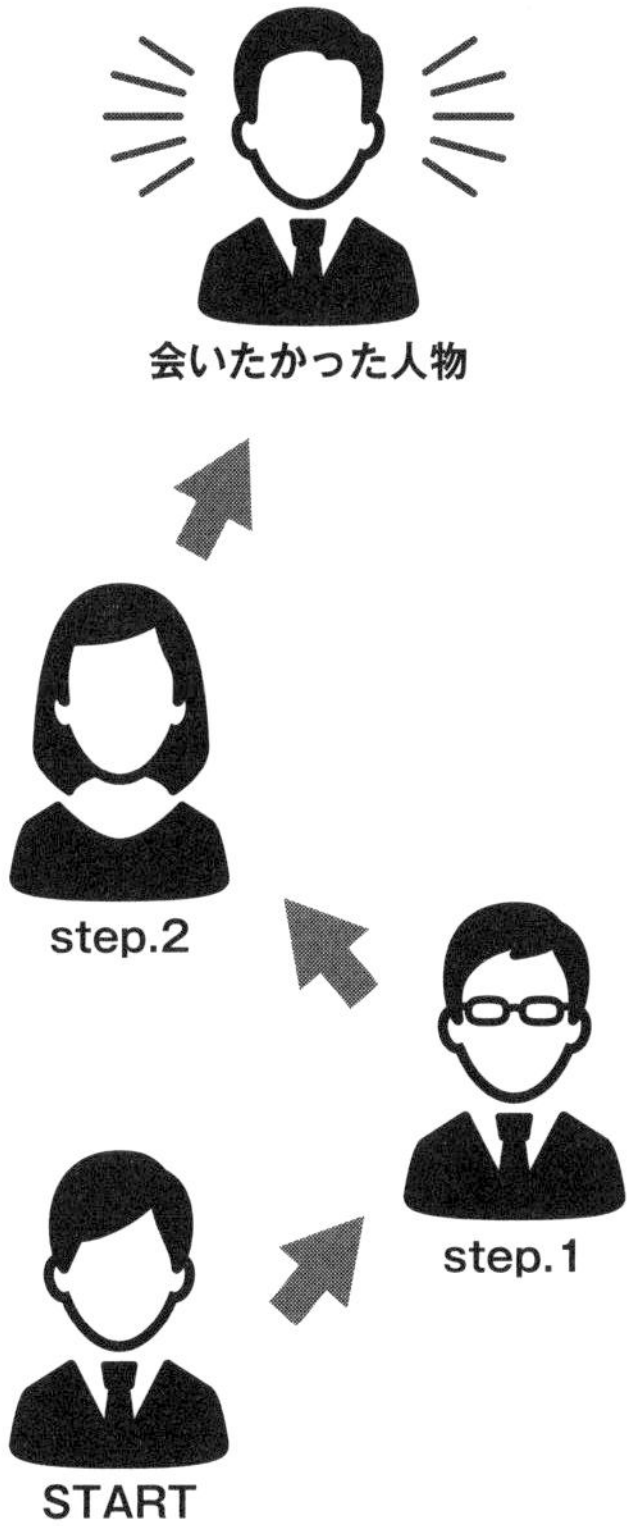

会いたかった人物

step.2

step.1

START

自分一人では絶対に会えない人でも、4、5人の人脈を辿っていくと会えることも。

21

時間と期限を100%守る

遅れそうなときの対処を間違えない

時間と期限を100%守る――。

これは当たり前の話であって、信頼がビジネスのベースなのに時間と期限が守れないとなると、その信頼自体がなくなってしまいます。

とはいえ、社会や仕事は自分一人で回っているわけではないので、何か不測の事態が起きることはありえます。また、人間ですから時にはコンディション不良もあるでしょう。

私が言いたいのは、時間や期限に絶対に遅れてはいけないということではありません。

そうではなく、遅れそうだとわかった時点でいち早く相談するなりして適切な対応をとり、できるだけ関係者に迷惑をかけないことが大事だということです。

それに対して、ダメなパターンは、ギリギリになって「やっぱりできません」とか「間に合いません」と言い出すことです。その段階で言われても、相手はどうしようもありません。上司や仲間がフォローすることもできません。

できそうもないとわかった時点で、相談なり、協力を頼むなりしなければいけませんが、そのときに大事なのは正直であることです。

人間は、叱られたくないためにごまかしたり、つい甘い見込みを口にしてしまうことがありますが、上司の立場から言えば、そんなことは百害あって一利なし。具体的に、正直に報告してもらわなければ困ります。なぜなら、現状がどうなっていて、完成はいつになりそうなのかといったことを把握しておかないと適切な手が打てないからです。

自己保身からいい加減な言い訳をすれば、ミスを挽回するチャンスを失うどころか、関係者にさらに大きな迷惑をかけることになるという事実を肝に銘じるべきでしょう。

また、期限に関しては、ぜひ意識していただきたいことがあります。

物事の期限を決めるときには、細かい時間まで具体的に設定するということです。

例えば、「金曜日の正午」とか「金曜日の17時まで」といった具合に、受け取る相手が仕事を組み立てやすいようにするのです。

よく「金曜日中」という取り決めに対して、「金曜日中ということは夜のうちに資料を送ればいい」と勝手に解釈する人がいますが、相手は夜に受け取っても確認することができず、週明けになってしまいます。それでは締め切りを金曜日に設定した意味がありません。

相手のことまで配慮して時間を設定し、かつ、その期限を守っていくと、より信頼が蓄積されていきます。

ところで、チームで動いているときにメンバーが提案書などをつくってお客さまに出すことがあります。そのときに、メンバーのつくった提案書がイマイチで、しかも翌日にお

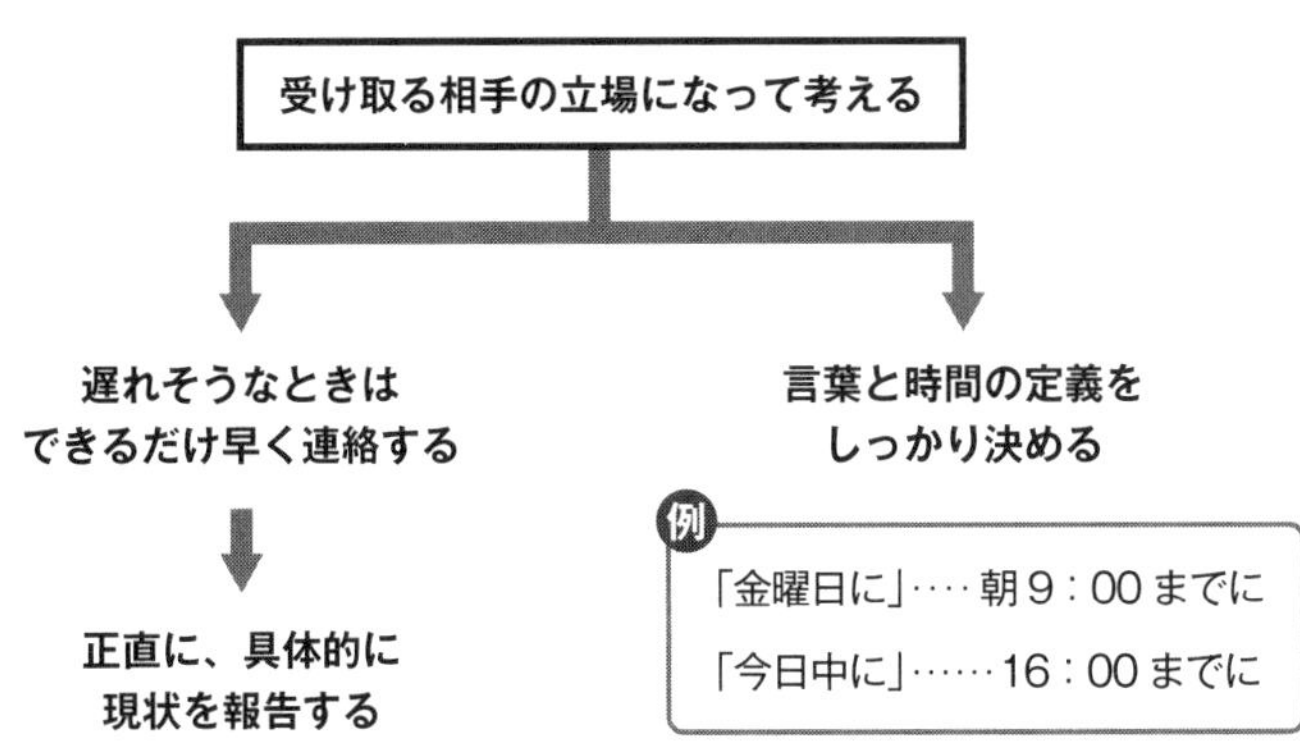

客さまに見せなければいけないという場合――。

ちなみに私ならば、メンバーにはギリギリまで自分の仕事を全うさせ、その一方で、そのメンバーがつくるべき資料を私も翌朝までにつくっておきます。

そして、最後の最後、客先に向かう乗り物の中でメンバーのアウトプットを確認して、良ければそれを使いますし、お客さまにお見せするレベルに達していなければ、私がつくったものをお見せします。それは、「期限までにお客さまを感動させるものをつくらなければいけないよ」という指導であり、任せるけれども最後は上司や先輩が尻を拭うという信頼関係の証明やリスクマネジメントでもあるのです。

22

仲間の分も含めて結果を出す

常に仲間や組織全体の目標達成を考える

以前、私の会社に入社した新人に対して、「3カ月以内に、決裁者への提案10件を自分で獲得する」という目標にチャレンジしてもらったことがあります。

その結果、4月から始めて6月までに目標の10件を達成したメンバーがいる一方で、その時点で0件というメンバーもいました。同じ会社で同じリソースが使え、同じ期間だけやっているにもかかわらず結果には大きな差が出たのです。

それはなぜでしょうか。ここでは話をわかりやすくするために、ある一つの要因をクローズアップします。

それは、覚悟の問題です。

例えば、自分の子供が不治の病となり、「手術で命を助けるためには3カ月で10件提案をする必要がある」という状況だとしましょう。

極端すぎる例ではありますが、もしあなたが当事者ならどうしますか。まず間違いなく、死に物狂いで達成しようとするのではないでしょうか。

確かに新入社員にとって「決裁者への提案10件」は難しい課題かもしれません。しかし、「家族の命と引き換えに」と考えた瞬間に一気に見える景色が変わって、そんな課題は物の数ではなくなるはずです。

つまり、新入社員たちの結果の差は、「覚悟」と「やり切ることに対する熱量」の差であるということです。

言い方を変えると、「こだわりの強さが現実をつくる」ということですが、私がもう一つここで言いたいのは、いち早く目標を達成した人たちについてです。

この人たちは、自分のことだけを考えず、仲間の分も含めて結果を出すことや、常に組織全体の目標を達成することを考えなければいけません。

このとき約20名の新人が営業活動をしたのですが、一人につき10件の提案ということは、合計で200件が新人全体の目標になります。6月末の段階で、数字は104件でした。ということは50％くらいの達成率です。

10件をクリアした人は、そこで満足せず、まだできていない仲間がいるならば、15件、20件と取っていかないと仲間（会社）としての目標は達成できません。自分が達成したら終わりではなく、次は仲間のマイナスを補うぐらいの気持ちでアクセルを踏まなければいけないのです。

将来、上司を超えていきたいのであれば、その観点を持つべきです。

もし自分が20件取ることができれば、0件だった仲間の分をカバーしたことになります。上司が評価するのはそういうところなのです。そんな姿勢があるからこそ、その部下が困ったときには何としても力を貸してやりたいと思うわけです。

「情けは人のためならず」ではありませんが、やったことはいずれ自分に返ってきます。「自分はやったからこれで終わり」ではなく、周りのこともちゃんと考えて働くという発想がなければ、やはり将来、部門長や役員などに引き上げてもらえないでしょう。

組織内でステージを上げていくには、自分の努力だけではなく、自分を評価する人が引き上げてくれないと上がれないという側面もあります。そこを認識することが大事です。だからといって、上司の顔色をうかがったり、上司からの評価を気にして仕事をしたりする必要は全くないのですが、より高い視座を持つ人の目線がステップアップに影響するという認識は持っていなければいけません。

STEP②

「上司を最高の味方にする」ためのアクション

12〜22で取り上げた内容を、あなた自身のこととして考えてみましょう。答えられないところは、上司に質問するなどして埋められるようにしましょう。

行動するための問いかけ	
やったほうが良いと思っているのに、できていないことはあるでしょうか。どうすればできるようになるのかを考えてみましょう。	12
心身共に健康な状態で出社するために、改善したいと思っている生活習慣を書いてみましょう。	13
仕事で困っていることや相談したいこと等を、書き出してみましょう。	14
上司に所作のこだわりについて尋ね、書き留めておきましょう。	15
自分の日報がもしあなたの部下のものだったとしたら、さらにどんな情報を知りたいかを書いてみましょう。	16
今、上司に差し入れたら喜ばれそうな情報を考えてみましょう。	17
上司はどんなタイミングや時間帯に部下の確認や相談時間を取るとやりやすいか尋ね、メモしておきましょう。	18
上司に提案したいことと、その伝え方を考えてみましょう。	19
あなたが今、仕事において学びを深めたいと思っていることは何でしょう。	20
今任されている仕事の締め切りと、確実に間に合わせるための仮の締め切りを設定してみましょう。	21
チームが目標を達成するために、自分があとどのくらい貢献する必要があるか調べてみましょう。	22

あなたの答え

あなたの答え

［コラム］人生のターニングポイント② 大学時代

私の通っていた高校は進学校でしたが、自分はずっとアートをやっていたので成績は悪く、学年400人中370番くらいでした。

大学受験を前にして、さてどうしようかと考えたときに、母親からは家計が厳しいので「国立の岡山大学へ行ってほしい」と言われました。しかし、便覧を見ても全然ワクワクしないのです。自分は何がやりたいのかと考える中で、当時一世を風靡していた小室哲哉さんを見て、「プロデューサー」という仕事に憧れるようになりました。

輝く原石を見つけて、その人たちを磨いて世に送り出し、世の中にムーブメントを起こしていく——。自分もそれをやりたいと思いました。

そこで、プロデュースを専門に学べる大学を便覧で探したのですが、「プログラミング学科」はあっても、「プロデュース学科」のある大学は一校も見つかりません。

その代わりにプロジェクトマネジメントという聞きなれない言葉が目に留まりました。これは自分を呼んでいそうな学問だなと思って調べてみたら、要は「ヒト、モノ、カネ、

COLUMN

情報、時間」をいかに使って物事を成し遂げるかを学ぶものだとわかりました。

「これなら自分がやりたいことに一番近いかもしれない」――。そう思うようになり、調べていったところ、当時、千葉工業大学に唯一の「プロジェクトマネジメント学科」があることを知りました。まだ設置されて2期目で、その分野を研究している教授がいないので、講師陣は外資系企業のプロジェクトマネージャー経験者たちが務めていました。

「ここに行きたい」――。そう思ったのですが、岡山から千葉に出る上に私立理系ですから、家計のことを考えるとかなり無茶な話です。

しかし、あきらめ切れない私は、反対する母を説得し、「大学を一番で卒業できなければ親子の縁を切る」という条件付きで、進学させてもらえることになりました。

母親は、高額な授業料と仕送りを賄うために、父親が遺してくれたわずかな生命保険を取り崩し、それでも足りなかったので親戚に頭を下げて工面してくれました。

そこまでして進学した大学ですから、胸に秘めている気概が一般の学生とは違います。全てを吸収してやるぞと勉強に打ち込んで、大学2年生の時点で卒業に必要な単位は全部取り、成績は「A」を揃えました。試験の出来が悪く「B」になりそうになったら、先生に「来年取り直すので成績を付けないでほしい」とまで言うほどでした。

（続く）

上司をフル活用して結果を出す

STEP①
STEP②
STEP③
STEP④
STEP⑤

私は「こだわりの強さが現実をつくる」と思っています。例えば、ランチもそうですが、「何食べる?」となったときに、「絶対にステーキが食べたい!」とか「絶対にラーメンが食べたい!」という強い信念を持っている人が、行きたいところを決めることができるというのは皆さんも経験していることでしょう。

その意味で、会社員がこだわるべきは結果です。すぐにあきらめ、できない理由を並べるのではなく、「どうやったらできるか」「どうしたら現実がつくれるか」という方法を追求し続けてください。もし自分で成功する方法のイメージがつかめなければ、上司の力を借りてそのイメージをつくっていけばいいのです。

会社の上司や役員といった人たちは、自分以上の力を持っている人です。上司も部下の成功と組織の成功を願っているわけですから、その人たちの力をフルに活用して結果を残しましょう。「絶対に毎回結果を出す。出したい!」という気概と、その姿勢を見せることが大事です。

23

相談事ができる前にアポを入れる

上司の先々の予定を確保するために自ら働きかける

先ほどSTEP②の14で【上司と話せる機会は逃さない】という話をしましたが、【相談事ができる前にアポを入れる】というのは、それを一歩進めたものです。

私の場合は、社長や専務に直接仕えていたときには、秘書にスケジュールを確認するなどして、積極的にアポを入れていました。ランチをご一緒できる時間や、仕事内容について確認していただける時間、あるいは、夜に食事をしながら今考えていることを聞かせていただく時間をつくっていただいたのです。当時、私は社内の誰よりも業務以外でのコミュニケーションの時間を取ってもらっていたように思います。

具体的な相談事がないうちからアポを入れて、予定をつくっていただくことの利点は、他にもいろいろあります。

まず、せっかく予定を入れていただいたのに、その日に「手ぶら」で対面するわけにはいきません。それまでに自分も「何か」持っていこうとするのです。「締め切り」をつくることで提案や企画も考えますし、悩みや課題など今の自分の状況を整理するきっかけにもなります。

自分の考えや思いを話せる場が用意されていればモチベーションが上がりますし、問題が起きてから先々のアポをいただくよりは、早く、タイムリーに問題を解決できます。

私も、そうした機会を利用して、会社として協力してもらえるとありがたいこと——例えば人員の確保や事業部への協力依頼、予算の確保、社外の人脈づくりなど、自分だけでは完結できないことの相談をし、合意を取っていました。

また、すでに本書でも述べていますが、仕事以外でもコミュニケーションをたくさんとっておくと、上司の目指す方向や、それに対して自分が何をしなければならないか、何を期待されているのかがその都度、確認できます。

私も目標を達成し良い結果を出していくために、自分が取り組んでいることを良い意味でアピールしつつ、それと同時に、自分の考えと社長の目指すものとのズレがないかどうかを話しながら常にチェックしていました。そのときには、私だけではなく、一緒に取り組んでいるメンバーも交えて相談させていただくこともありました。

だから、皆さんもぜひそうしてほしいと思いますが、中には、「自分のような人間が経営陣や上司に頻繁にアポを入れるのは気が引ける」と考える人もいるようです。

そんな人に私が経営者としてアドバイスするならば、「遠慮をする必要はないし、部下のそういう積極的な行動はむしろ歓迎される」ということです。部下に「時間を取ってください」と言われたら、上司もうれしいのではないでしょうか。

自分から上司のアポを取ることによるメリット

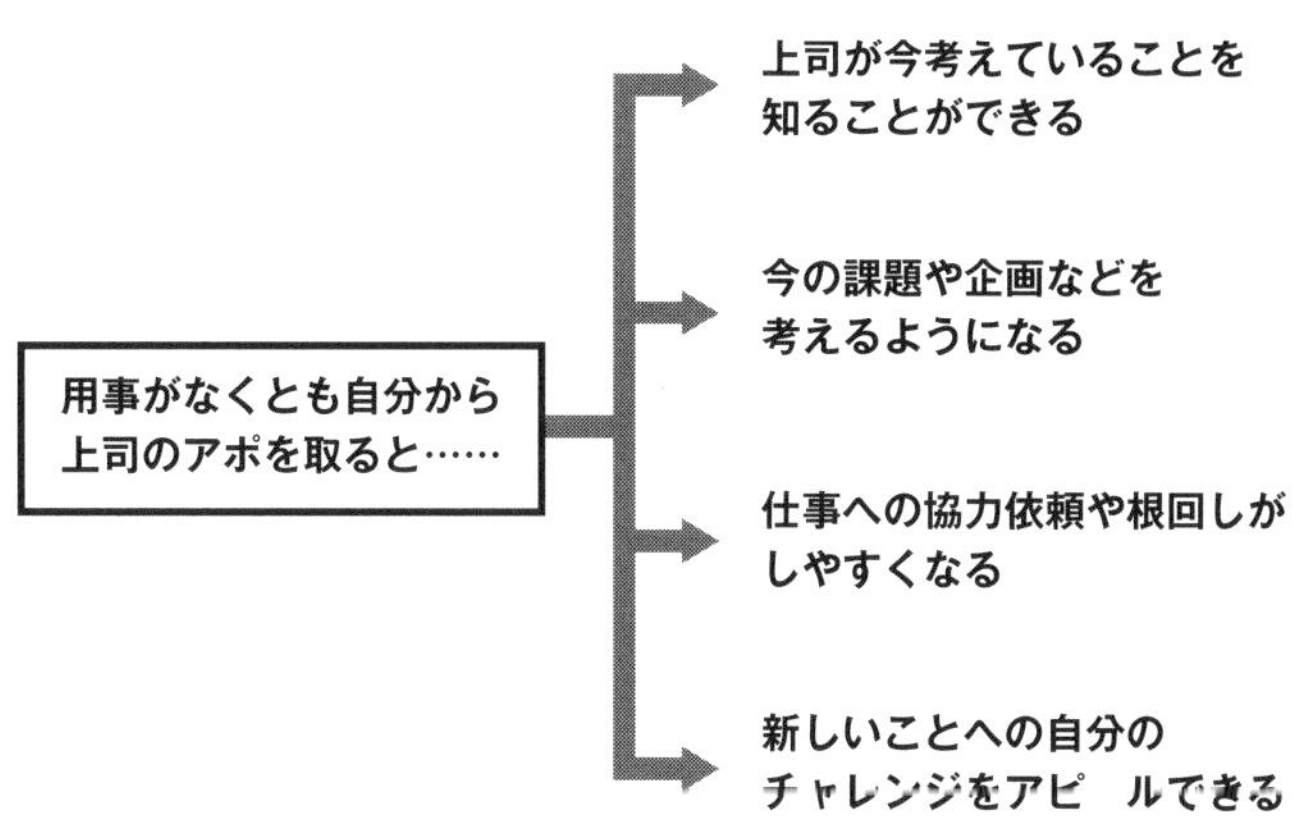

ちなみに、私の会社では、私のスケジュールは、全社員が閲覧できるように「グーグルカレンダー」で共有されています。誰と面会しているか、どこからどこに移動している時間か、といったビジネスの予定はもちろんのこと、子供の送迎などといったプライベートな予定も全てオープンにしています。そこまでやる社長は少ないかもしれませんが（笑）。

もし、私と話をしたい社員がいれば、これを見てアポの相談をしてくれればいいわけです。

24

同行・同席を頼んで契約を取る

準備は完璧に。

ゴールイメージを共有する

営業の場合、上司を同席させて契約が決まったときには上司にもフィーが入るというルールがある会社が多いため、全て自分でやろうとする人もいると思います。ただ、私は、自分が一人前になるまでは上司を使ってでも契約を取ったほうがいいという考えです。

その理由は、まだ半人前のうちは頼れるものは頼ったほうが結果を出しやすいことや、さまざまなケースに関して上司から学ぶ機会が多いほど自分が成長できること、そして、お客さまにとって何が良いかを軸に考えたときに、ベストな提案をするためには上司の同席がプラスになること――などです。

ところで、この項目のテーマである「同行・同席を上司に頼む際のポイント」について記す前に、多くの人が忘れがちなことを一つ改めて確認しておきます。

それは、今私が述べたように、自分の行動についてどうすべきかを判断するときには、まず「お客さまにとって何がベストか」を軸に考えるということです。

例えば、上司に同行・同席を頼むのも、早く契約をまとめるのも、仕事の期限や時間を守るのも、自分が成長するのも、会社を発展させていくのも、全てはお客さまの利益につながるという信念があってのことでなければいけません。

それを忘れて「まず会社のため」、さらにそれも忘れて「まず自分のため」に行動していると、結果的には、本書で推奨しているような「上司を超え、思い通りに働く」ことは難しくなります。なぜなら、短期的には成果を出すことができても、長期的にはお客さまや上司（仲間）からの評価が低くなるからです。

その大前提をしっかり腹落ちさせておかないと、働くことで幸せにはなれません。本書を読み進めるにあたっては、それを忘れないでいただきたいと思います。

さて、話を戻しますが、上司に同行・同席してもらうときには、次のポイントを意識するとよいでしょう。

⑴事前情報を上司にきちんと伝える

⑵どういうゴールをつくり出したいかというイメージを上司と共有しておく

⑶提案に必要な資料を完璧に揃える

⑷事前に打ち合わせの相手に日時の確認の連絡を入れて、アポが確実に実行されるように整える

⑸最初は上司の言動を観察し、商談の一連のプロセスを分解した上で、少しずつ自分のやる領域を増していく

いくら経験豊富な上司であっても、個別の事情やそこに至るまでの経緯をよく知らなければ、発言がどこかズレたものになりますし、お客さまにとってベストの提案や解決策は出せません。

また、準備を万全に整えるのは、お客さまのために当然のことです。

最後の(5)に関して言えば、最初のうちは導入部のところだけ自分が話をさせてもらい、次はヒアリングまで、その次は提案まで……と少しずつ領域を広げていき、途中で上司に助けてもらわなくても最後まで完結できるようになることを意識しながら、経験を積んでいきましょう。

ちなみに、私が新人ならば、上司と同席した場合は許可を得て録音し、それを文字起こしして、役者が台本を覚えるように頭に入れていきます（一字一句そのまま文字にして覚えるわけではありませんが……）。

それを自分でお客さまに話すつもりで再現してみると、いろいろ確認したいところが出てきます。

例えば、「なぜ上司はこのタイミングでこの質問をしたのだろう？」「このときの言葉はわざとこの単語を選んだのだろうか？」「最後にこの商品を提案するに至った背景は何か？」といったことを一つひとつ解き明かして、自分のものにしていくわけです。

25

朝の勉強会の講師を依頼する

他部署の上司も巻き込み、学びの場を自らつくる

あなた自身が成長するスピードを高めるための良い方法の一つが、朝に自主的な勉強会を開催することです。あなたが主催し、自分で有志を集めるのです。

その勉強会では、ぜひ上司に講師をお願いしましょう。

上司に講師を頼むことはメリットだらけです。おもに3つのメリットがあります。

一つ目は、上司が長年かけて得てきた知見が手に入ることです。10年なら10年、20年なら20年分の他人の経験を、効率的に伝授してもらえるのです。

二つ目は、あなたが企画する勉強会であるため、その時々においてあなたが欲しい知見がタイムリーに手に入ることです。

例えば、テレアポが上手くいかない場合であれば、自分の会話を録音し、上司や集まってくれた仲間に聞かせてフィードバックしてもらってもいいでしょう。実践的である分、会社が実施する研修とは一味違った刺激を受けたり、新たな学びが期待できます。

三つ目は、自主的な勉強会なので、他のチームや部署の上司も講師に呼べることです。

自分の上司よりスキルの高い人がいた場合には堂々とその人から学ぶことができますし、他部署の業務に関する知識も身に付きます。社内の人脈も広がります。

一方、上司の側にとっても、部下が自主的な勉強会を開いたり、自分を講師に呼んでくれればうれしいものです。私の経験でも、上司にお願いして断られたことはありません。

ちなみに、私がやっていた勉強会では、いろいろなお客さまを想定して、役を取り換えながらロールプレイングをし、その様子を見ている上司からアドバイスをもらったり、切り返しの話法を教わるなどしていました。若手の頃はそんなことを毎日のようにやっていました。営業ならば、毎日開いてもいいと思います。

勉強会を開くのは、やはり朝がいいでしょう。朝に勉強して気持ちを盛り上げて、学んだことをその日のうちに実践していくのです。仕事終わりに設定すると、心身が疲れていて頭に入りませんし、早く家族の顔を見たい人も、夜に予定を入れている人もいるでしょう。メンバーの通勤事情も考えた上で、朝の7時や8時に設定するとよいと思います。

その日の日報に、「こういう教えを受けたことで、その後の商談ではこういう結果を出すことができました」と報告できたら、上司や講師への最高のプレゼントになります。

平日に都合がつきづらい場合は、土日や休日の朝の時間帯に、Zoomなどで実施できないかお願いしてみましょう。1日の時間を有効活用することにもつながります。

もちろん、忙しいなか上司に時間をつくってもらった以上、土壇場でキャンセルするのはマイナス評価となります。お願いしたら必ず実行するようにしましょう。

朝の勉強会を開くメリット

1. 上司の知見が手に入る
2. そのときに自分がやりたいテーマで企画できる
3. 他のチームや部署の上司を講師に呼んで人脈をつくれる
4. 講師として呼んだ上司にも喜んでもらえる
5. 夜よりも朝に開くと気持ちが盛り上がり、学んだことをその日のうちに実践するようになる

どうしても集まれないときには、
オンライン会議システムを使って土日に開催するのもよい

26

上司の資料を活用させてもらう

もらうだけではダメ。「使い方」もセットで教わるかつて上司がつくり、使っていた提案資料などは宝の山なのでぜひ見せてもらい、できれば自分も使わせてもらいましょう。

会社や所属部署で共有しているファイルやフォルダもあるでしょうが、やはり、できる上司が個人的に使っていたものを、いち早く入手したいところです。仕事のできる人はツールをいろいろ工夫し、試行錯誤をしているので、彼（彼女）らが使っているものを教えてもらえれば、かなり近道になるからです。

頼むときは、例えば、このように話すといいと思います。

「先ほど商談に同席させていただいたときに使っていた資料ですが、あれはとてもお客さまが関心を持っていましたし、わかりやすいものだったと思います。私も使わせていただいてよろしいでしょうか」

「実は来週、担当している企業に提案をしたいと思っているところなのですが、自分が持っている資料だけではまだ十分ではないように思っています。○○さんならこの場合どのような資料を持参されますか」

これらは営業の話ですが、例えば、「仕事をどうやって管理しているのですか。業務効率を上げるために工夫していることはありますか」と尋ねて、上司が使っているタスク管理表、アプリなどを教えてもらってもいいでしょう。

ただし、注意すべき点が二つあります。

一つ目は、「単に楽をしようと思っている感じ」が上司に伝わるとダメだということです。

上司といえども、仕事に取り組む姿勢が甘すぎる部下に対して、自らの試行錯誤の結晶である自作の資料を進んで提供する人は、そういないでしょう。

やはり、「自分でもここまで考えたが参考にさせてもらいたい」とか、「自分なりにつくってみたいので参考にさせてほしい」といったような努力と思考の跡を見せる必要があります。

二つ目は、資料だけもらうのではなく、その使い方もセットで尋ねることです。

どんなに良くできた資料であっても、その使い方やコツがわからないと真価を発揮しません。例えば、どのタイミングでそれを出し、どんな口調で話し、例を出し、そして、どんなふうにクロージングをかけていくのか——といったことを自分がわかっていなければ、「猫に小判」になってしまうのです。

逆に言えば、それ自体は共有フォルダに入っている平凡な資料であっても、使い方次第で強いツールにもなるということですから、なおさら使い方もセットで教えてもらうことが大事になります。

今の話にもう一つポイントを補足しておくと、自分に実績が足りないのであれば、上司や自社の実績、事例を、まるで自分が当事者のように話すことも大事です。

例えば、こういった感じです。

「弊社の代表がこの製品のメリットや社会的な意義について、この3つの視点が大事だというふうに社会に対してメッセージを出しているんです」

「弊社には、こういう会社の採用をこのように成功させたケースがあって、お客さまには、『導入することによって経営のターニングポイントにもなった』と喜んでいただけました。私は担当ではなかったのですが、その経緯を詳しくご説明しますと……」

事例を徹底的に研究することで、自分が経験できていないことでも、会社や先輩がやってきた実績を紹介できるようになり、信頼につなげることができます。

だからこそ、上司がどうやってそのプロジェクトを成功させたかというエピソードを知っておかなければいけません。自分がやっていないことを当事者の如く語れるレベルになるために、事あるごとに上司から実例や実際の話を聞いておく必要があるのです。

27

他部署への根回しをしてもらう

「俺は聞いていない」の横やりを徹底的に防ぐ

自分が社内で何かをやろうとして提案したときに、誰かが「俺は聞いてないぞ」と言い出したり、その内容の不備を手厳しく指摘されたり、あるいは、感情的としか思えない反対を受けて頓挫した――といった経験のある人は多いと思います。

その理由は、根回しが足りないからです。

新しい企画を提案したり、社内のルールなどを変える、特にそれが他部署と連携して行わなければならない案件のときには、物事を円滑に進めるため、あるいは、無用な横やりを防ぐためにも、上司に根回しをしてもらうことが大事なのです。

最初にキーマンとなる人に相談して味方につけておかなかったために感情論で反対されて、せっかくの良い提案が潰されることはよくあります。

こうした論理的ではない反対意見を、根回しや戦術によって押さえ込むことは、実は若い人が思っている以上に大事なことです。かくいう私も、新人の頃には、その重要性がきちんとわかっていませんでした。

直属の上司に対して「こういうことがしたい」と企画を提案したときに、「わかった。ただし近藤君、この人とこの人をちゃんと押さえておいたほうがいいよ」などと言われることがあり、「確かにそうだな」と思って、その人たちに話をしてから会議にかけたら企画がすんなり通る――といった経験を重ねるうちに、それが身に付いていきました。

新しいことを始めるときもそうですが、特にそれまでのやり方なり、ルールなりを変えるときには、強い反対が出やすいものです。

企画を考えるだけではなく、それをどう実現していくかというプロセスの部分まで気を配り、上司に根回しを頼むか、キーマンとなる人の取り扱い方などを教えてもらいましょう。こういうときにこそ、上司を上手く活用するのです。

また、これは対外的な提案の話ですが、「その案件なら（先輩の）○○に同席してもらったほうが決まる確率が高いのに……」とか、「上司に相談して（別の部署の）○○に協力を仰いだら決定するのに……」という状況であるのに、部署が違うため言いづらいのか、本人がそのままにして失注するようなケースもあります。

見ていて、あまりにもったいないなと思います。社内で持っている武器を全部使い、「やれることは全てやった」と言えるくらいの結果をつくるためにも、そうした根回しにも全力で気を配るべきです。

さらに言えば、その根回しのお願い自体が、直属の上司に対する「ジャブ打ち」にもなっていることも理解しておきましょう。

自分の考えややりたいと思っていること、問題だと認識していることを、こまめに上司に伝えていき、根回しをお願いする過程自体が、上司の願望に入ることになりますから、上司の協力をより大きく得ることにつながり、チャンスをもらえる確率が上がるのです。

ところで、先ほどの他部署への根回しとは少し意味合いが違いますが、自分のやりたいことに同僚を巻き込んでいく際にも、上司に根回しをしておくとよいでしょう。

例えば、私の場合は、まず同僚を食事や飲みに誘って自分がやりたいと思っていることを熱く語り、「一緒にやろうぜ」と話した上で、上司や社長などに、こんなふうに話していました。

「今、挑戦してみたいことがあります。それは○○といったことです。通常業務はきちんとやった上でプラスアルファとしてやりますから、そこに同僚を巻き込んでいいですか」

このときには、「通常業務にプラスしてでもやりたい」というメンバーを集め、それを上司にも強調しました。

「そこまでの気持ちがあるなら……」と上司の許可も得やすいですし、そこまでの気持ちのあるメンバーが集まれば成功する可能性が高くなるからです。

28

ミス、クレームの第一相談役にする

上司がフォローしやすい状況をつくる

仕事に挑戦していく過程で、当然ミスやクレームは発生します。新人であればなおさらでしょう。そのときに大事なのは、自分だけでその場を解決しようとするのではなく、第一報を上司に伝えて、対処方法を確認することです。

その反対に、最もやってはいけないのが、ミスやクレームを隠蔽（いんぺい）することです。隠してはいけない理由は、会社に対するお客さまの信頼がなくなるから、そして、初動が遅れれば遅れるほど、上司が尻拭いできないほどの大問題に発展しかねないからです。

新人にとっては、何か起こったときに最大限守ろうとしてくれるのが上司です。そういう存在だと認識し、感謝すると同時に、ミスやクレームを隠したときには必要以上に迷惑をかけてしまうことを肝に銘じておくべきです。

自分の評価が下がるとか叱られるといったことは脇におき、ミスしたとき、クレームを受けたとき、心配事があるときには、迷わず報告・連絡・相談をしてください。

「ハインリッヒの法則」（1つの重大事故の背後には29の軽微な事故があり、その背景には300の異常が存在するとする考え方）でも言われるように、「ヒヤリハット」のレベルの軽微なミスやクレームの段階で手を打ち、いかに重大事故を防ぐかが大事なのです。

ヒヤリハットというのは、日常的に起きている軽微なミスのことであり、顧客サービスの観点から見れば、「お客さまの声」に寄せられた苦情やリクエスト、あるいは、お客さまは気づいていないが担当者は気づいている軽微なミスということになるでしょう。

その点で私が上司の立場から指摘したいのは、「認識がなかった、あるいは、その時点では気づかなかった原因で起きたミスやクレーム」は仕方がない。しかし、「わかっていた。あのときこうしておけばよかった」とか、「社内で声を上げておけばよかった。上司にきちんと言えばよかったと思っていたのにできなかった、その結果起きたミスやクレーム」は大問題だということです。

なぜなら、前者の場合は、勉強が足りなかったために起きたもので、学ぶことで改善できますが、後者の場合は、それができなかった（言えなかった）原因を排除しておかなければ、いくら研修で学んだところで、今後も問題が起き続けるからです。

例えば、次の3つを比べてみてください。今月中に契約をいただこうと、月末にアポをもらっていたのに相手が約束を忘れていて面談が流れた場合――。

Aさん……素直に包み隠さず上司に相談した。アポの日時を事前に相手に確認することを知らなかった。

Bさん……ビジネスの基本は研修の座学でも教わっていたし、ＯＪＴでも習っていた。

それなのに確認を怠っていた。上司にはそれを言わず、お客さまのせいにしていた。Cさん……先方にアポを確認していたが、連絡が取れず、このままではマズいなと思いつつも、上司には相談できなかった。

これも極端な比較ですが、注意されてもミスを何度も繰り返す、あるいは、気づいた問題点を上司に伝えられず放置して事態を悪化させてしまう理由が、私は気になります。

それは部下自身のルーズさなのか、上司に対する遠慮なのか、自信のなさなのか、無責任さなのか、保身なのか。それとも上司との信頼関係がないからなのか――。上司としては、本人とよく話し合って、その根本に気づかせ、解決してやらなければいけません。

最近は、人間関係でぶつかるのを避ける人がとても多いように思いますが、何か気になることがあったら、その場できちんと言ったほうがよいでしょう。私は社内でよく話すのですが、「遠慮」と「配慮」は違います。配慮はするべきですが、遠慮はしてはいけないのです。

お客さまのため、会社のために、おかしいことは「おかしい」、気になることは「気になる」と伝えるべきです。そのことが、自分や部署、会社、そして、最終的にはお客さまを守ることにもつながるのです。

29

試験官になってもらう

上司のチェックと修正の時間をスケジュールに含める

自分がつくった文書や資料を社外の人に見せるとき、あるいは、自分がプレゼン役を務めて人前で話すことが決まっているときなどは、特に見せるように言われていなくても事前に上司に見せ（実演し）、試験官になってもらいましょう。

皆さんの中には、「上司に見せるといろいろ粗を指摘されて面倒だ」と、自分だけで事を済ませようとする人もいるかもしれませんが、そうした姿勢は、結局、自分で自分の首を絞めることになると思います。

上司を試験官にしたほうがいい理由は、上司がOKを出したものは自信を持ってお客さまに提示できるからです。

もっと言えば、上司がOKを出したものならば結果が悪くても、あるいは、何かトラブルが起きても自分を守ることができます。

そもそもお客さまに提示するものの最終アウトプットが、80％、90％の出来でよいわけはないのですから、例えば、まだ60％の段階で一度上司に見せてフィードバックをもらい、100％以上のものに仕上げていくべきでしょう。

ただし、そのためには十分なリードタイムを設ける必要があります。期日ギリギリになって上司に見せても修正する時間が足りないからです。

私の場合は、2週間後にお客さまに資料を提出するときには、カレンダーに二つの書き込みをしていました。

「実際にお客さまにお見せする日」と、その1週間前に「上司に見てもらいフィードバックをもらう日」の二つです。

この二つのアポを先に入れてしまうとよいのは、作業を開始する時点で、自分の中に明確なマイルストーンが設定できるからです。

それに対して、お客さまに見せる日だけをスケジュールとして意識していると、2週間後の数日前になって慌てて資料をつくるような事態になってしまいます。しかし、1週間前に上司に見せるアポを入れておけば自然とその日が締め切りになり、そこに向けて準備をすることになりますので、間に合わないということがありません。

しかも、アドバイスをもらえるので、その後に1週間かけて最終成果物をより良いものに修正できるのです。

さて、ここまでは【成果物を100%以上に仕上げていくプロセスを組み立てる】という話でしたが、もっと長期的にキャリアを考えたときに、上司を試験官とする習慣には別のメリットもあります。

それは、【今の業務に加えて別のことにチャレンジするときに、自分ならそれができることを上司にアピールできる】ということです。

例えば、自分に研修講師をやらせてほしいと思っているときは、自分なりに研究し、練習した上で上司にそのスキルをチェックしてもらうのです。

あるいは、新規事業の企画書をつくって、「今こんなことを考えているので、一度企画書を見てもらえますか」と頼んでもいいでしょう。

上司がそれを見て、「なかなかいいな」となった場合には、次の人事異動や組織改編などで、仕事としてチャンスがもらえる可能性が出てきます。

上司は、部下の今の仕事に関しては何となく成長具合を把握していますが、新しい分野に関する部下の実力はわかりません。そこで部下としては自分から見せる場をつくり、気づかせ、評価してもらうとよいのです。

３０

勝ちグセをつける

結果までのプロセスを具体化し、
1日1日を自分に負けずに過ごす

結果を出すためにあなたがすべきことは、ゴールから逆算して具体化した日々のプロセスを確実にやり切っていくことです。

例えば、つくり出したいゴールから逆算したら1日平均で3件のアポを取る必要があるとわかった場合、「この3件を取ると決めたら達成するまでやる。絶対に2件では終わらない」という気概を持って、1日1日を自分に負けずに過ごすのです。

とはいえ、現実として、それができない日もあるでしょう。そのときは、それで「ご破算」とするのではなく、翌日は「2日で6件」を自分へのノルマとします。もし2日でもできなければ「3日で9件」を、それができなければ「5日で15件」をクリアしていく。いわば、野球選手が「打率3割」をキープすることにこだわるような感覚を持つことが大事だと思います。

このやり方が効果的なのは、ダイエットでも受験勉強でも同じです。どんなことであっても、安定して良い結果を残せる人は常にこういう考え方を持っています。

これをしていくとよい理由は、三つあります。

一つ目は、毎日のすべきことが明確になり、ルーティンができること。二つ目は、毎日の小さな勝負に勝ち続けることによって勝ちグセがつくこと。そして、三つ目は、「1日平均の目標」で帳尻を合わせることで、モチベーションを保てることです。

私のイメージでは、今取り組んでいる活動が結果に出てくるのは3カ月から半年先です。つまり、今起こっている出来事というのは、良いことも悪いことも含めて、3カ月から半年前の自分の行動の表れです。

ですから、3カ月以上先の「つくり出したいイメージ」から逆算して行動し、日々勝っていくことが大事なのですが、そのために必要なのが勝ちグセなのです。

逆に、一番ダメなのが負けグセがついてしまうこと。後述するSTEP④の37「可能思考で考える」ためには、自分の可能性を信じることが必要になりますが、負けグセがつくと自己概念が変わってしまい、ますます成果が出せなくなります。

勝ちグセをつけるには、やはり日々の積み重ねしかありません。1日1日を勝っていく——同期やライバルに勝つのではなく自分に勝つ、そして、「未来の理想の自分」をイメージして、「こういう自分になりたいが、今日の自分はそこに向かっているか」と自問自答しながら仕事をすることが、私はとても大事だと思っています。

日々のプロセスをやり切っていくことにはもう一つメリットがあります。

毎日の小さな勝負をしていると自分の状況に気づきやすいので、上手くいかなかったときに上司などに早い段階で伝えることができ、結果的に早く軌道修正できるのです。

もしあなたが結果に執着しているのに酷い結果しか得られなければ、いち早く上司や仲間に相談するはずです。というより、そうしなければいけません。

物事の結果はさまざまな要因から生まれます。テレアポの例で言えば、相手に対する気遣い、トークの内容、お互いの話すバランス、会話の間、声のトーンやスピード、話し方のクセ、準備、自信、職業人としての意識、心身のコンディション――などの要因が掛け合わさって魅力的なアプローチとなり、数十秒の中で相手が「話を聞いてもいい」という気持ちになります。ほんのちょっとしたことなのですが、どこかの要素に一つでも大きな問題点があると他が良くても全て台無しになることもありますし、逆にそこが改善されると、それだけで結果が大きく変わる可能性もあります。

自分自身のことには気づきにくいですし、そもそも日々のデータを取りながら自分でそうした分析と修正ができる人は極めて少数です。

だからこそ、小さな勝負を積み重ねることで必然的にプロセスを日々分析し、早めに上司に相談する状況をつくるのです。これが自分の仕事の質を上げることにつながります。

31

強い当事者意識を持つ

「そこまでやったのなら仕方ない」と思われるまで手を尽くす

「オーナーシップ」――日本語で言うと当事者意識となりますが、この意識が強い人は言い訳をしません。

彼（彼女）らにとっては、「そのとき自分が何をしたか」が大事であるため、原因を「環境」や「他人」に押し付けるような言葉遣いをしないのです。

少し長い例になりますが、当事者意識の有無がわかる、こんな例で考えてみましょう。

部下が、ある重要な書類をつくるためにお客さまからすぐにでもレスポンスをもらう必要がある状況だとします。

上司「お客さまに連絡した？」

部下「連絡しました」

上司「どうだった？」

部下「まだ連絡がついていません」

上司「そうなんだ……。もう期限過ぎているけど、何日に連絡したの？」

部下「1週間前にメールを送信しました」

上司「メールに対してどうだったの？」

部下「返信がないんですよ」

上司「でも、もう期限が過ぎているよね？」
部下「相手が返事をしてくれないので……」
上司「その間、何かした？」
部下「電話しました」
上司「どこの電話に？」
部下「お客さまの携帯にしました」
上司「携帯に電話してどうだった？」
部下「折り返しがありません。なんで返事をくれないのかなって」
上司「留守電にメッセージは残したの？」
部下「それが留守電にならないんですよ」
上司「だったら、ＳＮＳでメッセージを送ってもいいし、相手の会社に電話して『急ぎの用事で至急連絡を取りたい』と伝言してもらってもいい。何なら行けない距離ではないのだから、直接訪ねてしまう手もあるよね」
部下「そうですね……」

ここで上司が問題にしているのは、【当事者として、その日までに相手が返事をしてくれる状況をつくるために、できることは全部やったのか】ということです。

確かに、この部下は相手にメールを送ったけれど返事がなかったのでしょう。それは事実だと思います。だから、「書類が完成していません」と言い訳をしています。書類が完成していない原因をメールが返ってこないせいにしているのです。

正しくは、【メールが返ってこない↓打てる手を全て打っていない↓だから完成していない】という流れになります。

この部下の例はいささかレベルが低いと言わざるを得ませんが、他にも、「上手くいくと思っていたことがギリギリの段階で横やりが入ってひっくり返された」とか、「目標達成が目前だったが不測の事態が起きて、あともう少しのところで達成できなかった」といったものまで、つい他人や環境のせいにしてしまうケースはよくあります。

大事なのは、「その状況を自分がどう変えられるか」、そして「自分がどう変われば状況を変えられるのか」と考えて行動を選択していくことです。

あなたも自分の仕事で結果が出なかったときには、「そこまでやったのなら仕方ないな」と思える（周囲から思われる）ところまで手を尽くしているのかと考えてみてください。

32

最初から言い訳しない。後からは絶対にしない

不安はスタート時点で解決。当事者意識を持って最善策を打ち続ける

言い訳について、もう少し考えていきましょう。

私は若い頃から、難しそうな仕事を依頼されたり、高い目標を設定されたときに、スタートの時点から言い訳はせず、「さて、どうやったらできるかな」と考えるタイプでした。

とはいえ、一般的には、「今までやったことがない」「目標が高すぎる」といった自信のなさ、また、場合によっては「上司が言うマーケットは本当に当たっているのか」といった疑念のようなものが出てくる人が多いようです。

人それぞれタイプがありますから、そのことは別にいいのです。ただし、そうした不安や疑念は、依頼や指示をされた段階で上司に相談し、解消しておかなければいけません。

それをせずに活動をスタートすると、最終的に上手くいかなかったときに、それらのことが言い訳として口に出るからです。

もし、あなたが難しそうな仕事や高い目標を設定されて、それに対する不安や不満、疑念が生じることがあれば、例えば、こんなふうに相談するようにしましょう。

「すみません。自分の中で咀嚼(そしゃく)できていないところがあるので確認してもいいですか」

「やり抜いた後に言い訳みたいにしたくないので、いくつか確認してもいいですか」

「そのマーケットに関して自分は攻めたことがないので、○○さんがどうしてそのマーケットを攻めたほうがいいと考えたか教えてもらえますか」

「目標が今までより高いと思うのですが、その目標に対しての、例えば設定された根拠とか、今まで以上の何か期待があると思うので、そのあたりのことを教えていただいていいですか」

「これくらいの目標値だと何とか行けると思うのですが、○%アップとなると、どのような手段で達成していくかが自分だけではイメージできません。一緒に考えていただけないでしょうか」――こんなふうに最初に尋ねておいて不安や疑念を解消し、すっきりした状態でスタートすることが必要です。

言い訳はしない。これは基本ですが、絶対に言ってはいけないわけではありません。言うなら先に言う。後から言ってはダメということです。

逆に上司の立場なら、最初の段階で部下の言い分や言い訳を全部聞いてあげることが大事だと言えます。

言い訳をする人としない人の違い

当事者意識のある人（オーナーシップ）

- 自分が何をしたかが大事
  人事を尽くして天命を待つ
- 頼まれたときにどうしたらできるかを考える
- 不安な点は最初に相談し、解決しておく

当事者意識のない人

- 他人や環境のせいにする
- できないとわかった時点で慌てて、後から言い訳をする
- 納得いっていなくてもそのまま進める

言い訳を絶対にしてはいけないのではなく、後になって言い訳をしてはいけない

３３

トラックレコードを塗り替える

日・週・月単位など細かく分けて記録更新を心掛ける

ビジネスをしていて面白いことの一つは、トラックレコードを塗り替えていくことです。

組織としても個人としてもそうですが、陸上競技にたとえると、「100メートルを10秒で走れ」と言われたら、「9秒98」で走ってみせる。それまでの社内のトラックレコードが「9秒83」だとしたら、自分がそれを超えてみせる――といったことです。

オリンピックを見ていても、先人なり、過去の自分がつくった記録というのは、やり方を工夫し、スキルを上げていけば超えていけるものだと思います。だから、それに挑戦することは、やりがいがあると同時に、自分を磨き上げることにもなるのです。

その一方で、難しい目標に対して、できない理由を探したり、できない人同士でつるんで愚痴や悪口を言っているだけの人もいます。そのほうがいろいろな意味で楽だからです。自分と同等か自分より下のレベルの人とコミュニケーションをとっていたほうが自尊心を守れますし、逆に自分よりもレベルが高い人を基準にすると自分の立場が下になり、劣等感や卑屈な気持ちにおそわれるからでしょう。

どちらを選ぶかは人それぞれですが、もちろん、高いレベルを目指し、トラックレコードを塗り替えてほしいと思います。

そのときに大事なのは、ただ闇雲に努力の量を増やすのではなく、「その記録をつくった人はなぜつくれたのか」を分析することです。

先ほどと同じく陸上競技にたとえると、10秒を切った選手がいたとしたら、「その人はどこでどんなトレーニングをしているのか」「どんな食事をしているのか」「どんなフォームで走っているのか」「シューズはどんなものを使っているのか」といったことを詳細に研究して自分に取り入れていくのです。

タレントの武井壮さんのYouTube動画を視聴していたところ、同じことをおっしゃっていました。

武井さんは大学時代に十種競技を始めて、日本チャンピオンを目指していたのですが、日本一を争っている選手たちがどんなふうに練習し、何を食べているのかを知るために、まだ素人に毛が生えたレベルだったにもかかわらず、ツテを辿って、日本のトップ選手が集まる強化合宿に参加させてもらったそうです。

実際、武井さんは競技を始めて数年後に、日本陸上競技選手権大会で優勝し、常識外れのスピードで高い成果を挙げています。やはり、そこで一番成果を出している人が何をしているのかを徹底的に研究することが、成功するための近道なのです。

反対に一番ダメなのは、成果が出ていない人を真似ることや、先ほども述べたように成果が出ていない人とばかりコミュニケーションをとることです。成果の出ない考え方と成果の出ない型が身に付いてしまうからです。

私は、まだ経験の少ない若い人にとって、それが一番もったいないことだと思っています。

上手くいっている人は、上手くいく方程式を持っています。たまたま上手くいっているのではなく、上手くいくべくして上手くいっているのです。

あなたも、その方程式を自分に取り入れて、組織と自分のトラックレコードを破り続けてください。

STEP③

「上司をフル活用して結果を出す」ためのアクション

23～33で取り上げた内容を、あなた自身のこととして考えてみましょう。答えられないところは、上司に質問するなどして埋められるようにしましょう。

行動するための問いかけ	
特に予定や相談事がなくても、先に上司にアポを入れてみましょう。	23
上司の話し方や交渉の仕方で良い点、真似したい点はどんなことでしょう。	24
上司に講師となってもらうことを想定し、朝の勉強会のテーマを考えてみましょう。	25
上司が業務効率化のために利用している独自の資料やツールについて質問してみましょう。	26
上司に手助けしてもらったほうがスムーズに進みそうなことを挙げてみましょう。	27
知っていた、わかっていたのにできなかったことはないでしょうか。やらなかった理由と繰り返さないための対策を挙げてみましょう。	28
作成した資料やプレゼンを上司に見てもらい、フィードバックをメモしましょう。	29
目標やノルマを１日単位に分割すると、１日あたりどのくらい達成する必要があるか試算してみましょう。	30
過去に、当事者意識を持って取り組んだことで成功した例を挙げてみましょう。	31
言い訳をしないために、普段気を付けていることを挙げてみましょう。	32
今の自分の最高記録（売上額、アポイント件数など）を整理してみましょう。	33

あなたの答え

STEP ③

上司をフル活用して結果を出す

［コラム］人生のターニングポイント③　前職時代

卒業に必要な単位を取ってしまってからは、勉強していたプロジェクトマネジメントの経験を積むためにいろいろなイベントを企画しようと考えました。

当時はWindows95が出たばかりでスマホもなかった頃です。自分ですぐにできるものとして、「町おこし」や「お祭り」のようなイベントを企画し始めました。大学祭を超えるお祭りを地域の人たちと一緒につくっていく、いわば文化の祭典のようなものでした。ただ、10団体くらいの責任者をやっていると、後輩へのバトンタッチが上手く機能しないところがあり、その頃から「人」に対して興味関心が及ぶようになりました。また、ちょうど同じ時期に母親がカウンセリングを学び始めて（家庭教師や塾講師をしていました）、あるイベントに誘われました。アメリカの少年院に入った子供たちを社会復帰させる野外教育プログラム『プロジェクトアドベンチャー』の日本体験会です。

そこで前職時代の社長である青木仁志さんご夫婦に出会い、アチーブメントに新卒第一号で入社することになりました。大学院でイベント学をやりたいと思っていた私に、「だ

COLUMN

ったら大学院に行きながらうちで働けばいい」とおっしゃってくださったからです。

アチーブメントでは大学4年生の7月からアルバイトで働き始めたのですが、いざやってみると自分のやりたいこと（イベント）と、当時の同社のコアな事業であった人材育成は、違うものではないか、という思いが出てきました。

そして母親にそのことを打ち明けたところ、「とことんやったの？」と聞かれたのです。「とことんやってダメなら二度とやらなくていい」というのは近藤家の家訓の一つです。

そう問われてみると、アルバイトの期間にはそこまでの思いで働いてはいませんでした。そこから気持ちが変わって、誰よりも朝早く、誰よりも夜遅くまで徹底的に働き始めたところ、あることに気づいたのです。

「お祭りのようなイベントやテーマパークは、一時的に人に活気を与えることはできるが、永続性がない。しかし、教育で与えられることはその人が生きる限りずっと心の引き出しに入っていて、行動につながる。人の変化や成長にずっと貢献できるイベントではないか」と思ったのです。

そのときに45歳までにこんな世界をつくりたいと思ったのが、私の会社の将来の構想である「エデュケーションテーマパーク＝レガパーク」という概念でした。


（続く）

上司の欠かせぬパートナーになる

著名な役者やダンサーの中には、突然の主役の降板によってスターの仲間入りをした人がいます。急遽代役に抜擢されて、期待以上の結果を出したのです。それができたのは、日頃からその日のために準備をし、スキルを磨いていたからに他なりません。もしかすると「自分ならこうやる」と、主役のセリフや踊りをすでに頭に入れていた人もいるかもしれません。

これを会社員に置き換えて考えると、「上司に言われたことを確実に実行する」ことは多くの人が心掛けていると思いますが、では、「上司のやっていることを自分ができるようになる」という観点で仕事をしている人は、どのくらいいるでしょうか。

STEP④のゴールは、上司のやっていることを自分ができるようになり、欠かせぬパートナーになることです。それは最終的には上司を超えるための取り組みにもつながります。

34

社内の情報通になり、情報を共有する

毎日違う人と会話して、月に20人以上から情報を仕入れる

上司をサポートして組織を上手くまとめていくためには、社内で起きている出来事や、社員たちが抱えている本音や悩み、人間関係のトラブルなどをつかんでおくことが重要です。

では、どうしたら情報通になれるのでしょうか。

それは単純にコミュニケーションの量と質の問題です。皆さんは、1カ月の間に何人ときちんと会話しているでしょうか。社内の別の部署や年齢の離れた人と会話する機会を意識してつくっているでしょうか。

例えば、私の場合は、食事に関してこんなルールを決めていました。

(1)ランチは絶対に一人で食べない。他部署の人も含めて社内の人と食べる

(2)夜は月の半分以上、社外の人と食べる

(3)同じメンバーは避け、毎回できるだけ違う人と食べる

こうすると、社内の人だけでも毎月最低20人から情報をゲットできるわけです。

会社員の場合は、つい同じ部署の人や同期など、気の合う人とばかり食事を共にしがちですが、それでは新しい情報があまり入ってきませんし、情報にも考え方にも偏りが出てしまいます。一人でランチに行くのは、最ももったいないことです。

客観的かつ多面的な情報を集め、自分の気づきと発見を促すためにも、できるだけ自分とは違うキャリアや業務内容の人とコミュニケーションをとるようにすべきでしょう。

私の場合は、そうすることで個人的な成長のほかに、社内でコラボレーションが生まれやすくなるという副産物もありました。部署を超えた協力が必要なとき会社全体で動くときに、すんなりと話がまとまるよう力を貸してもらえるようになったのです。

会話の内容に関して、気をつけるべきポイントは次の3つです。

一つ目は、上司と部下、部署と部署、経営陣と社員といったように、互いの仕事内容や事情を知らないために、時としてぶつかることもある関係者たちの間に入り、通訳の役割を演じることです。「それはこういう意味だと思うよ」「あの人が考えているのはこういうことだよ」といったように、お互いの意図を好意的に伝えてあげるのです。これは、多くの人と社内横断的にコミュニケーションをとっているからこそできることでした。

二つ目は、良い情報も、悪い情報も、組織として共有したほうがいいものについては、積極的に共有することです。

例えば、「○○さんはこんなことをがんばっていましたよ」とか、「こんな挑戦をしていましたよ」といったことです。逆に、根拠不明、興味本位の噂話などは耳にしても共有しませんでした。

悪い情報については、私を信頼して話してくれた人が不利な立場になることがないよう、名前を挙げたほうがよいものは挙げ、匿名のほうがよいものについては匿名で共有していきました。

三つ目は、「あいつは口が軽い」と受け取られないようにすることです。

私が共有したことで、「どうして上司はそのことを知っているのか。誰が話したんだ？」といった事態にならないように注意しました。同僚が悩んでいることや望んでいることを本人に代わって上司に伝えるときには、「会社の発展のため、社員全員のため」という切り口で当事者として翻訳しました。

もっとも、私の翻訳は好評を呼び、そういう相談や依頼がやたらと多くなってしまったことには閉口しましたが……。

いずれにせよ、私は将来経営者になるつもりでしたから、自分や自分の部署だけではなく会社全体の人たちがどんなことに取り組んでいて、何を考えていて、何に躓（つまず）いているのかといったことをきちんと理解しようと思っていました。起業はせずとも、あなたが組織で働き続けたいと願うのであれば、さまざまな部署の、さまざまな立場の人たちの気持ちを知っておくとよいと思います。

35

自分から役割を担う

「他にやることはありますか」
「これを手伝いましょうか」を
口癖にする

言われたことはいち早く覚えて、そのことは早く終わらせ、「他に何かできることはありませんか」「こういうことを手伝いましょうか」と投げ掛ける。言われてからやるのではなく、自ら動き、自ら仕事をつくっていく――。

職場で高い評価を受けている人は、例外なくこの発想で働いています。

私の場合、その一番わかりやすい例は、前職の新人時代、会社のホームページの更新業務を自分から申し出て担当させてもらったことです。

当時の職場ではホームページの管理は私が所属していたチームで担当していたのですが、更新業務は別の会社に外注していました。要望を出さない限りほとんど更新されない状況にもかかわらず、月に30万円の委託料を支払っていたのです。

その頃はまだアクセス数も少なく（私が個人でつくっていたホームページよりも少なかったほどです）、また、そこで物が売れているわけでもありません。それならば、自分でやったほうがいいと純粋に思って、「僕にやらせてください」と手を挙げました。

その頃、ビジネスの世界でよく言われていたことに、「自分の給料の5倍以上の価値をつくって初めて一人前だ」という話があり、私も自分の仕事に価値を見出したい気持ちがありました。「今やっている業務に何をプラスしたら、まだ入りたての自分でも価値をつくれるのだろうか?」といつも考えていたのです。

結果的に、ホームページの更新料30万円をゼロにした上に、そこから研修の申し込みも来るようになり、売り上げもつくれるようになりました。経費のマイナスと売り上げのプラスを計算すると、新人としては大きな価値をつくれたと思います。

こうして振り返ってみると、私は新人の頃から会社や部署への貢献意識を持ち、自分の仕事は早く完成させ、「他に手伝うことはないか」「他にやれることはないか」と視野を広げて動いていたからこそ、自分が輝くチャンスを見つけることができたのだと思います。

もし自分のことで精いっぱい、あるいは、他者への貢献意識がなければ、そうしたことにも気づかないでしょう。自分のことだけを考えれば、仕事が少ないほうが楽ですから。

自分の成長のため、そして会社や部署の成長のために、仕事中に「手持ち無沙汰だな」と感じたときには、このことを思い出しましょう。

会社をよりよくするための役割は、自社で内製できるのに惰性で外注されているような仕事や、新しい技術（製品・サービス）を導入すれば生産効率の大幅な改善が見込めるもの、会社に染まっていない新人だからこそ見つけやすい社内にあるムダ、他の人がやりたがらない面倒な役割――などの中から、その気になって探せば意外と見つかるものです。

役割を率先して担って価値をつくる

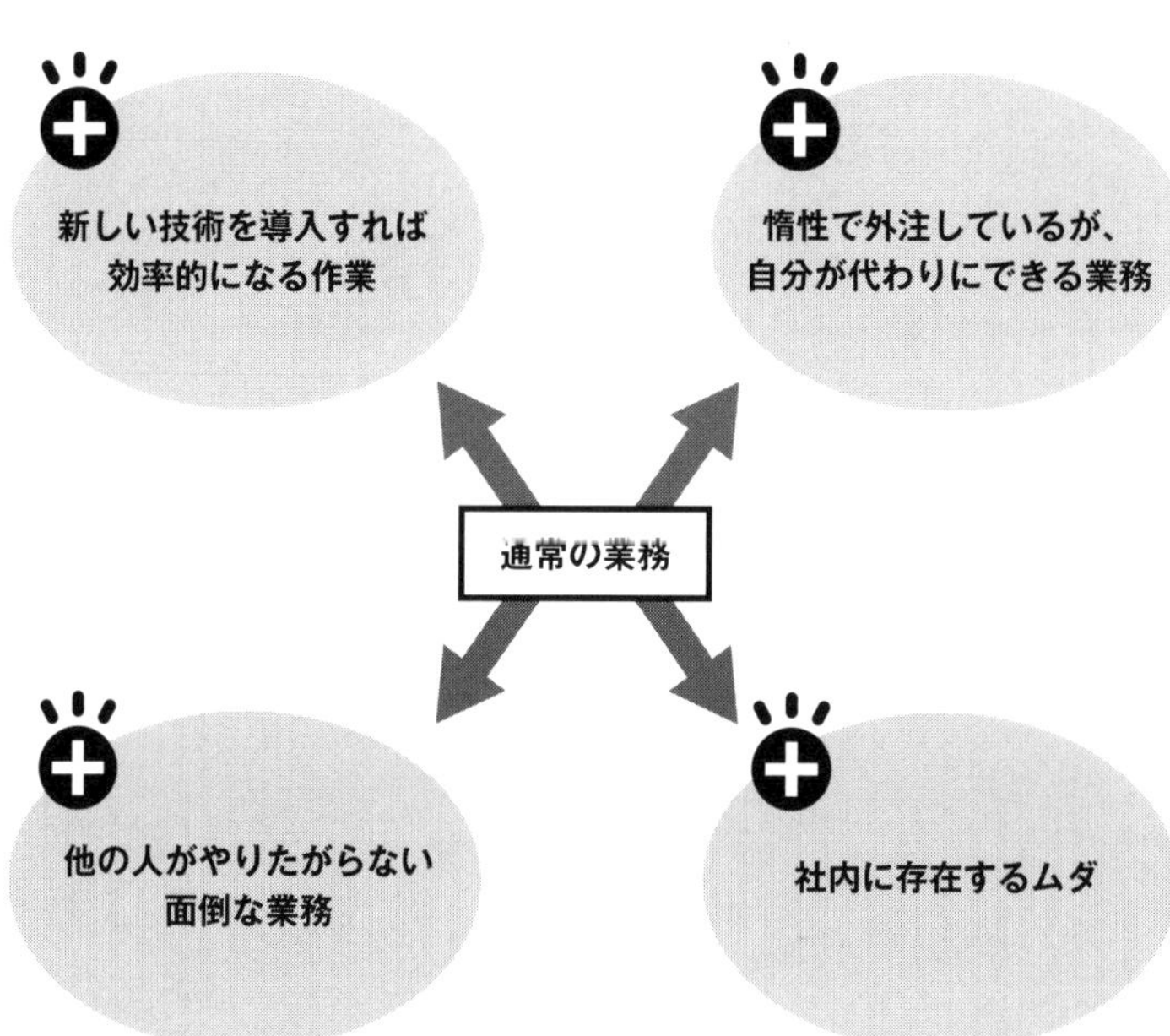

自分の貢献金額を高める習慣をつける

36

困り事は積極的に手伝う

上司の「最大の協力者」として行動する

上司に貸しをつくる――とまで言うと言い過ぎですが、上司が困っているときに積極的に手伝うことは大事です。

一見面倒な仕事に見えても進んでやる、「誰かこういうことをやってくれない？」と上司が言ったときに率先して手を挙げる、あるいは、火中の栗（誰もやりたがらない仕事）を拾う――といった行動のできる人が、上司にとっての最大の協力者になっていきます。

もちろん、できることには限りがありますが、やること自体に価値があります。上司が困っているときに積極的に手伝っているからこそ、上司もその部下が困ったときには何とか助けてあげようという気持ちになるのです。

逆に、日頃そうした姿勢の見えない部下に対しては、さほど重要でない局面では、積極的にフォローするとは限りません。上司も人間ですから、それは仕方がないでしょう。

もしあなたが、「なぜ自分は上司に協力してもらえないのだろう？　なぜ助けてもらえないのだろう？　なぜ教えてくれないのだろう？」と思うのなら、そもそもあなた自身が上司が協力したいと思うような状態になっているかを、一度振り返ってみてください。

大事なのは、上司が自分に対して「感謝している」「恩がある」と思うような行動を蓄積することです。ギブアンドテイクの概念で言うと、「協力してもらえない」という人は、テイクばかりを期待しているわけですが、物事はギブが先です。

部下からすると「上司が協力して成果をつくってくれて当たり前」、もっと言えば、「不公平で酷い上司だ」などと思うかもしれません。しかし、上司から見れば、「あなただけが部下ではないですよ」という話なのです。限られた時間の中で誰に一番協力したいかという感情的な選択もあるわけですから、結果を出したい部下は、そこをちゃんと自分でつかみにいくことが大事です。

加えて、上司が何の指標を見てチャレンジしているか、それが順調にいっているかどうかを、部下であってもよく見ておきましょう。

部署にもよると思いますが、基本的に上司の仕事は売り上げや生産効率などの数値目標を達成することですから、それが上手くいっていないときには、上司と同じような視点で、かつ他人事ではなく自分事として「その数字を挽回するためにできることはないか」を考えるようにしましょう。

そして、上司の欠かせぬパートナーを目指すのであれば、上司から「あれをやってくれ」とか、「これをもう少しプラスアルファでやってほしい」と言われる前に自分から申し出るようにしてください。

上司が助けてくれないときに考えるべきこと

1. 上司の願望に入る努力をしていますか？
2. 報連相をこまめにしていますか？
3. 何としても結果を出そうという気概を見せていますか？
4. 自分の目標達成だけでなく、
部署や仲間の目標達成を応援していますか？
5. 上司が困っているときに積極的に手伝っていますか？
6. 皆が嫌がる仕事に率先して手を挙げていますか？

上司にとっての部下はあなただけではありません。
それぞれの部下の姿勢によって
対応に差が出るのは当たり前です。

37

可能思考で考える

自分が断った仕事で、
誰かがもっと成長している

上司から「こんなことをやったらどうだ？」とか「こういうことができないか？」と提案されたときに、できない理由をいろいろ挙げて「無理です」と答える人がいます。

はっきりと口にするかは別として、「忙しいから」「やったことがないから」「難しそうだから」、あるいは「自分のキャリアにつながらなさそうだから」などとやらない理由のほうばかり探すというわけです。

しかし、成長したければ、そうした「できない思考」ではなく、「任せてくれてありがたい」と感謝した上で、「どうやったらできるか」と考えることが大事です。

例えば、こんなふうに考えるのはどうでしょうか。

「神様は乗り越えられない試練は与えない」と言われます。今のあなたに、「財務大臣や厚生労働大臣になりませんか」というオファーが来ないのは、日本の与党のお偉方から見て、あらゆる意味で大臣は務まらないと思われているからです。政府の重要ポストに就く人は、それなりの実績や知見、政治的パワーがあるから就任しているのです。

それと同様で、上司があなたに対して、「これをやってみないか」とか「これをやってくれ」と言うということは、上司の目には、あなたの実力なら「これくらいいけるだろう」と見えているということなのです。

事実、私自身もこれまで、「絶対にできるわけがない。何を考えているのだろう?」と思うような無理難題が目の前に降ってきたという経験をしたことはありません。同様に、私は、今1億円の売り上げをつくれなさそうな人に「100億円やれ」とは言いません。

また、高い目標を与えられたときに大事なのは、自分の可能性を信じることです。すごく概念的ですが、これは大事なポイントです。自分の可能性を信じ切れていない人は、どんなこともチャンスと思えない傾向があります。

一般的に、チャンスというのは、その瞬間は「リスク」に思えることのほうが多いからです。例えば、「仕事が増えて大変だ」とか「失敗したときに責任問題になる」といったことです。しかし、その課題を乗り越えてみると、「このリスクは今の評価やポジションにつながるチャンスだったんだ」と後でわかるのです。

チャンスは見る方向によってはリスクに見えます。自分にはリスクに見えているけれど、他人からは「あなたにとってのチャンス」と見えているかもしれません。それは自分が一つ上のステージに上がったときにしかわかりません。

逆に言うと、最初からチャンスに見えることは、あまりチャンスではないことのほうが多いかもしれません。

やるか、やらないかの判断をするときに大切なのは、「自分がこれをやったら未来の自分はこうなっている。今、これをやることは未来の自分にとって必要なのだ」と考えることです。決して「義務」と捉えないことです。

ちなみに、もし部下が「やらない。やりたくない」という対応をしたときに、上司がどう思うかわかりますか。

少なくとも私の場合は、「もったいないな」と思います。というのも、その部下が自分の提案を断ったら、黙って違う部下にチャンスを与えることになるからです。

本人は「余計なことをやらなくて済んだ」と思っているかもしれませんが、実はそこで大きなチャンスを失っている可能性があり、なおかつ、自分が断った仕事はそれを受けた別の同僚が成長する機会にもなっていることは、理解していたほうがいいと思います。

というよりも、上司の欠かせぬパートナーとなり、いずれ超えていこうとするならば、上司から言われる前、指示される前に、他と掛け持ちしてでも自分から率先してやるくらいになる必要があるでしょう。

３８

上司の仕事を奪う

リーダーに任命される前に「リーダー」になっておく

「言葉は悪いかもしれませんが、僕はできるだけ早く近藤さんがやっている仕事を全部奪いたいと思います」

これは、私が育ててきた部下の中で一番成長した人が、私に対して言った言葉です。

仮にAさんとしておきます。「上司に言われたことを確実に実行する」ことは多くの人が心掛けていると思いますが、Aさんのように、「上司のやっていることを自分ができるようになる」という観点で仕事をしている人は少ないと思います。

しかし、上司のやっていることを自分ができるようになれば、それは自分が上司になる準備が整っているということですから、そこを目指すのは大事なことです。

実際、Aさんは、私がやっている仕事内容の一つひとつについて、そのやり方や結果を徹底的に研究し、どうやったら代役が務まるかを考えて働いていたと思います。

そして、自分がその仕事の一部、あるいは全部を任されることになってもできそうだという目途が立ったものから、

「近藤さん、この仕事、僕にやらせてもらっていいですか」

「あと一度見てもらって、次から僕がやっていいですか」

と挑んできました。

最初は「奪う」という言葉に驚き、正直ちょっと嫌な感じもしたのですが、彼の働き方や準備の仕方を見たときに、考えを改めました。そして、当時自分が一番重要視して取り組んでいた採用責任者の仕事をAさんにそのまま任せてしまいました。

ちなみにそのAさんとは、ウエディング業界の異端児と言われる株式会社CRAZYの代表取締役社長・森山和彦さんです。やはり目的意識の高い人は日々の行動が違うということでしょう。

もう一人、これは別の人ですが、やはり優れた後輩がいました。Bさんとしましょう。Bさんにはいずれ研修講師になってもらうつもりでしたが、いきなりセミナーは任せられないので、その一部、15分ほどのパートを任せてみました。

すると、パーフェクトの出来だったのです。私のセミナーのやり方を完璧に真似た上に、自分のオリジナリティも織り込んでいて、とてもクオリティの高い内容でした。

セミナー終了後に「すごいね」と褒めたのですが、Bさんは、通勤や移動中の電車で私のセミナーの音声を、繰り返し繰り返し聴いていたそうです。

最終的に、そのセミナーはBさんに全て委譲しました。多くの人は、講師に指名されてから勉強を始めるものですが、できる人はチャンスが来る前にちゃんとつかみ取れる準備を整えています。任される前提で上司を見ているのです。

私はよく新入社員に、「リーダーはリーダーになる前にリーダーになっている」という話をします。より正確に言えば、「リーダーになる前にリーダーになっていなければならない」。リーダーになってから「準備します」では遅いのです。

新入社員というのは、社内でも、お客さまの前でも、つい「新人」を演じてしまうものですが、自分のことを新人だと捉えている（言い訳している）うちは、いつまでも新人のステージから抜け出せません。「基準」を今の自分の身の丈に合わせるのではなく、一つ上に合わせる。上司の視座を獲得して、自分の仕事を見つけることが大事です。そして、キャリアを積む度に、今の仕事だけではなく一つ上の仕事もできるように努力するのです。

先述の俳優やダンサーの代役の話も、もし彼（彼女）たちの準備が整っていなければ、次のチャンスはしばらく来なかったでしょう（永遠に脇役だったかもしれません）。

だから、皆さんもまずは今の自分の仕事を確実にできるようにする。そして、自分がそれをできていると思ったら、少し高度なところに挑んでいく。部分的にでも上司と同じことをできるようにして、最終的にはその仕事を奪うつもりで、そのためには今の自分に何が足りないかを常に考える――ということを続けていきましょう。

39

不要不急の依頼もすぐ対応する

上司から確認されたときには完了しているほどのスピードを意識

【特に緊急性はなく、上司も部下もそのことは共有している案件】があったとしましょう。私もそうですが、上司には、そんな案件に関してふと「あれって、どうなっているのかな」「どんな感じで進捗しているのだろうか」という疑問が頭をよぎる瞬間があります。

一方その場合、部下の多くは、「そういえば上司から頼まれていたな」くらいに捉えているわけですが、そこで上司から進捗状況を確認されたときに、

「もうできています。こういった感じです」

と返す人と、

「すみません。できていません」「忘れていました。何も手を付けていません」「失念していました」……。

と回答をする人とでは、当然ながら上司からの評価は大きく分かれます。

緊急性の高いことは当然誰もがやろうとします。しかし、そうではなく、「急ぎではないから空いた時間にやっておいて」というような、ちょっとしたことでも忘れずに処理している姿勢にこそ、その人の仕事への向き合い方や質が表れますし、上司の信頼や高い評価につながっていきます。一事が万事、というわけです。

後者のような人は、おそらく言われたことをきちんと書き留めず、タスク付けもしてい

ないので、日々の業務の中で流れていってしまうのでしょう。ちなみに私の場合は、上司に言われたことは全て書き出す勢いで、一つひとつの案件を潰していました。

それは、STEP①の07でも取り上げた「お勧めの本や映画の感想を伝える」にも通じる話です。例えば、以前、雑談の中で上司から面白かった本の話を聞いていたとして、後日、「前に勧めたあの本って読んだ?」と、ふと聞かれたときに、「読みました。こういうところが今の自分に役に立ちました」と答えるか、それとも、「まだ買っていません……」と答えるかでは、印象がまるで変わってきます。

また、若い方にもう一つ心掛けていただきたいことがあります。それは、営業などの数字を扱っている仕事において、上司から、「今、受注どう?」などと聞かれたときに、パッと数字が言えることが非常に大事だということです。

つまり、そこで資料を見ないと答えられないということは、目標に対する当事者意識や真剣さに欠けていると思われても仕方がないわけです。やはり、自分や組織が追っている数字は少なくとも週単位で言えるようにすべきでしょう。

もし、自分が大金をつぎ込んで株を買ったとしたら、毎日必ず株価をチェックするはずです。仕事の数字も、それくらい気にかけてほしいと思います。

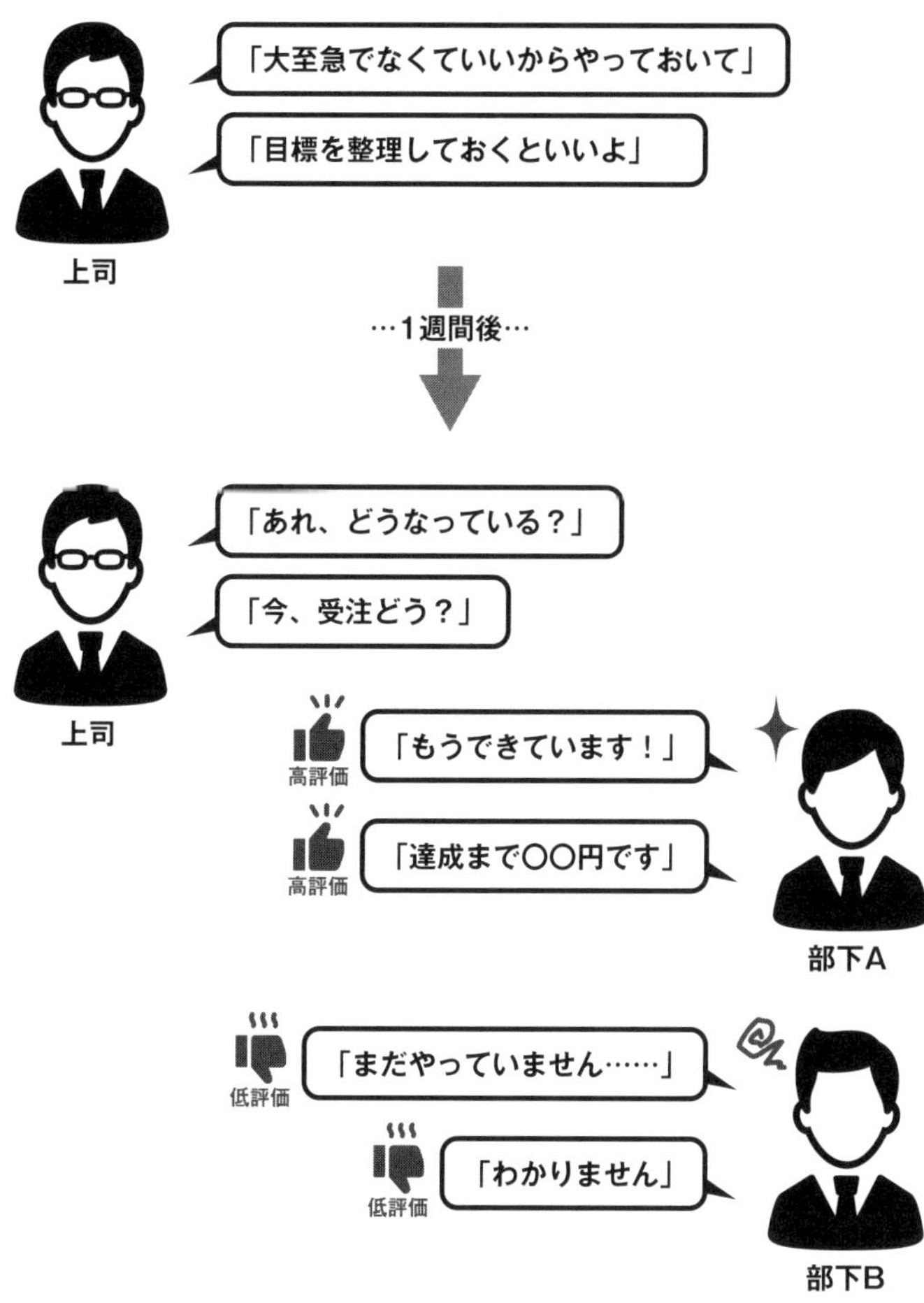
「急ぎではない頼まれ事」を
どう処理するかで評価に差が出る
「大至急でなくていいからやっておいて」
「目標を整理しておくといいよ」
上司
…1週間後…
「あれ、どうなっている？」
「今、受注どう？」
上司
高評価
「もうできています！」
高評価
「達成まで〇〇円です」
部下A
低評価
「まだやっていません……」
低評価
「わかりません」
部下B

４０

横流しせず自分で一度チェックする

外注した仕事は必ず自分が責任を持って品質を確かめる

例えば、ホームページのデザイン変更など、協力会社に何か制作物を発注し、それが自分の元に届き、上司に見てもらうというプロセスはよくあります。あるいは、自分がやろうとしていた仕事をアルバイトやインターン生にやってもらい、それを上司に提出することもあるでしょう。

そのときに、提出された成果物を自分でチェックせずに、そのまま上司のところに持って行く人がいます。その結果、

「協力会社からこういうものがきました」

「なんでこんな感じなの？」

「すみません……」

といったやり取りをしている人は少なくありません。自分の役割の重要度を低く見積もっているのか、あるいは、プロがそう言っているのだからそんなものか……と思考停止状態になってしまうのか、伝書鳩のように振る舞う人が多いのです。

しかし、上司の欠かせぬパートナーになることを目指すのならば、上司に報告する前に自分にアウトプットが来た段階で品質をきちんとチェックする、あるいは、「協力会社からこういうのがきたのですが、自分としてはもっとこうしたほうがいいと思います。どう

思われますか」などと、自分の評価や具体的な改善案などを言えるようにしてから上司のところへ持って行くようにすべきです。

さらに言えば、自分のイメージや意見がなく、上司とのすり合わせを怠って最後まで伝書鳩のように振る舞っているだけの人は、上司だけではなく、仕事を依頼する相手（協力会社、アルバイト、インターン生）からの評価も低くなりかねません。

なぜなら、でき上がったものを上司に見せる度に大きな修正ややり直しになるのでは、作業をする側の負担も不満も大きくなるからです。

この他、例えば採用担当者が求人媒体のリサーチをするときなど、複数の業者から提案書を集めるときもそうです。

それぞれの会社の提案書をそのまま上司のところに持って行くのではなく、「自分も比較検討してみましたが、このプランでこの金額でやるとこんな結果が出ると思います」といった見解や提案もセットで渡すべきでしょう。

なぜなら、そのときの部下の役割は、【上司が意思決定をしやすくすること。意思決定の時間を短くすること】であるからです。

私がそのことに気づいたのは、新人の頃でした。

あるとき、上司のところに資料を持って行くと、「近ちゃん、で、君はどう思うの?」と聞かれ、自分の分析や見解、アイデアも含めて持って行く必要があると気づかされたのです。

上司の立場になって考えてみると、そのままデータを持ってこられても判断のしようがない場合があります。自分が上司なら【何が揃えば意思決定できるか】とイメージすることによって、そこに付け足すべきものがわかるようになりました。それ以降は、自分の提案がスムーズに通るようになった印象があります。

このように、上司は、【この人は自分が意思決定をする基準で物事を見ることができているか】というところを見ています。もし良い視点を提案できれば、同じような仕事は徐々に任される範囲が広がっていくでしょう。

最終的には、「私のチェックなしで進めていいよ」と言ってもらえる状態にどう持っていけるかを、常に考えるとよいと思います。

41

期待以上の付加価値を付ける

超一流になるために3つの指標を意識する

上司からの指示に対しては、言われたこと以上の付加価値を付ける——という趣旨のことは、本書でも何度か表現を変えて繰り返してきました。

ここでは「上司の欠かせぬパートナーになる」という視点から述べますが、私は超一流から三流までの人を次のように位置づけています。

⑴三流とは、期待されない人

⑵二流とは、期待に応えられない人

⑶一流とは、期待通りの結果を創る人

⑷超一流とは、期待以上の結果を創る人

私は皆さんにも、何かやってほしいと期待されたときに、言われたこと以上の付加価値を付ける超一流の発想で働いていただきたいと思っています。

ちなみに、付加価値を付ける際には、その時々の自分の立場やレベル、シチュエーションにもよりますが、基本的には、次のいずれかでがんばることになります。

- **スピード**
- **クオリティ（質）**
- **クオンティティ（量）**

より速く（早く）やるか、より質を高くするか、よりたくさんの量をこなすか――という3つの指標を意識しておくといいでしょう。

私の経験上、大事なのは指示されたときの最初の「方針設定」です。右記3つの指標のうち自分は何を期待されているのかを考え、どの付加価値を付けるかをパッとイメージしてスタートしないと、途中からでは変更が難しいからです。

もっとも、若手社員にとって一番目指しやすいのは、スピードでしょう。クオリティに関しては経験やスキル、他人の評価などさまざまな要素が入ってきますし、自分なりにクオリティを上げても、結果としてスピードが落ちたら意味がありません。

ですから、二番目がクオンティティ、最後がクオリティだと思います。私の場合も新入社員時代は、まずは言われたことをできるだけ早く仕上げることを強く意識していました。

例えば、上司に「今日中に書類をつくってくれ」と言われたとします。そのとき上司は、私の力量を見てその日中にぎりぎり終わるくらいの範囲を指示していたと思いますが、私は上司の予想を超えて、3時や4時には上司のチェックも含めて完結するイメージで動いていました。

このやり方で仕事をすれば、スピードだけでなく、修正する時間があるのでクオリティも評価されるからです。

加えて言えば、100点を目指していても、何か不測の事態が起こったら100点に届かない可能性が出てきます。付加価値が云々という以前に、何があっても100点以上に着地するためには、120点を目指すことが大事なのです。

STEP④

「上司の欠かせぬパートナーになる」ためのアクション

34〜41で取り上げた内容を、あなた自身のこととして考えてみましょう。答えられないところは、上司に質問するなどして埋められるようにしましょう。

行動するための問いかけ

今まで一緒にランチに行ったことのないメンバー5人とランチにいき、新しく得た情報をメモしましょう。	34
通常業務以外のことで、自分が担うことができそうなものを挙げてみましょう。そうすることでいくらくらいの利益貢献になるか算出してみましょう。	35
今、あなたの上司が困っていること、改善したいと思っていることはどんなことだと思いますか。	36
過去に上司から受けた提案で断ったことはありますか。それを実現にするにはどうすればよかったと思いますか。	37
リーダーになるために、今のあなたに足りない部分は何でしょうか。どうすればそれが身につけられるか考えてみましょう。	38
自分の目標達成まであといくらか、資料を見ずに即答してみましょう。	39
外注した仕事を提出する際に、上司はどのような点をいつもチェックしているでしょうか。	40
あなたがいつも任されている業務のスピードアップを図るための改善案を考えてみましょう。	41

あなたの答え

［コラム］人生のターニングポイント④　会社の創業

将来の目標が見つかると、自分としては全く無理していないけれども、だいぶ無茶はしているという働き方になりました。

しかし、その甲斐あってアチーブメントが「入社したい会社ランキング」に入るようになったり、年間2万人以上の採用応募が来るくらいの会社になって、「こんなプロになりたいランキング」のようなもので私が選んでいただけるようにもなりました。27歳のときには『1冊目の就活本—自分らしい生き方を実現する』（アチーブメント出版）という本も出させていただきました。

当時は素晴らしいメンバーがアチーブメントに入ってきたこともあり、新卒採用の切り口でメスを入れて組織変革をするというコンサルティング手法では、おそらく自分が一番ではないかと思えるようになりました。

その瞬間、高校時代に思った「超越」——つまり、自分にしかできない価値を創造するということが10年経ってできていると感じたのです。

COLUMN

だとするならば、今自分が死んだら地球に迷惑になる。個人は有限だが、組織や会社や家族をつくれば命のバトンリレーができる。意思や考えや文化のバトンリレーができる。だから生き方を変えて、価値を創造していく人間を複数人にしていく必要がある――「超・超越」を目指すべきだと思いました。

そこで、32歳のときにアチーブメントを退職して、独立したのです。とはいえ、すぐに会社をつくったのではなく、1年半くらいフリーでいろいろな活動をしているうちに仲間が集まり、妻とも結婚し、レガシードを創業した――というのが私のターニングポイントです。

レガシードは、私のこうした半生における体験やそこから培（つちか）った価値観、そして未来への思いが詰まった会社です。

そして、「社員からもその家族からもお客さまからも社会からも、永遠に愛され、必要とされ続ける会社になること」「あらゆる方から『レガシードで働けて本当によかった』と心から言ってもらえること」「世界で一番『はたらくを、しあわせに。』を実現する会社であること」などを目指しています。

上司を超え、思い通りに働く

農民出身の豊臣秀吉は、白分の主君を見定めるために諸国を回り、駿河・遠江の大大名だった今川義元ではなく、尾張の小大名だった若き織田信長を選んだと言われています。秀吉は草履取りから始めて、その時々に与えられたポジションで信長の期待を超える働きを続けたために、異例の出世を遂げます。

私は歴史に詳しくありませんが、きっと豊臣秀吉は織田家臣団の中で地位が上がるにつれ、信長のビジョンを他の家臣に共有し、時には先回りをして天下統一への道を整えるようなこともしていたと思います。でなければ、本能寺の変で信長が急死した後に、後継者となって主君を超える業績を残せなかったでしょう。

この話を会社員に当てはめて考えると、「給料を上げたい」とか「役職を上げたい」、場合によっては「自由になりたい」「自立できるようになりたい」「経営に携わりたい」と思うのであれば、良い意味で上司を超えなければいけません。感謝し、超えるつもりで、全ての仕事を組み立てていくのです。

42

「任せるよ、好きにしていいよ」を連発させる

自分の裁量を一つずつ増やしていく

すでに述べてきたように、一つずつ自分の裁量を増やしていくことが、仕事の肝であり、楽しさであり、醍醐味であると私は思っています。

上司に何かをチェックしてもらう、あるいは確認をしに行くときに、部下は当初「なんでいちいちチェックされるのか」「このタイミングでごちゃごちゃ言われても面倒くさい」などと思うものです。

しかし、次第に上司から「もう任せるよ」とか、「これに関しては自分で考えて好きにやっていいよ」などと言われることが増えていくと、自分の自由度が上がるので、仕事がとても楽しくなり、やりがいも感じられるようになっていきます。

上司が「任せるよ、好きにしていいよ」と言うのは、興味がないから、面倒だから言うのではありません。上司から見て、「彼は（彼女は）自分よりも深く考え抜いて、この案を出してきた」と感じ取っているからこそ、そのような言葉が出てくるのです。

反対に、上司のチェックや確認がいちいち必要ということは、まだその仕事は一人で任せられないと思われているということです。次のステージに行かせるのはまだ先だと上司に認識されていると考えたほうがよいでしょう。

上司が確認してくれるから少しくらいミスがあっても大丈夫だろう、この程度でもいいだろうと、不完全なものを提出し続けていれば、いつまでたっても「任せるよ、好きにしていいよ」という言葉を上司からもらうことはできません。

それだけ業務プロセスが増えているわけですから時間効率がとても悪くなりますが、自分で決裁ができる、自分で決定ができるという状況になればかなりスムーズに仕事ができるので、効率が非常に上がります。だから部下としてはこの状態をいち早く、一つでも多くつくることが大事なのです。

ちなみに、私が部下に「これに関しては自分で考えて好きにやっていいよ」と伝えるのは、同じような事柄に対する部下の処理の仕方や向き合い方を3回くらい見ていて、問題がなさそうだなと判断したタイミングです。皆さんもそこを意識してみてください。

「任せるよ。好きにしていいよ」をもらうためには、先述した「報連相の質」を上げることが大事です。そこで自分の成長度合いを示すのです。

また、上司への報告では、つくり出すアウトプットや生み出す価値に対して、どう考えてそれをつくったのかがわかるように、思考のストーリーをきちんと交えて報告する習慣をつけるとよいと思います。

その上で、例えば、「以前、課長はこういうことをおっしゃっていましたよね。それについて自分も考えていて、こんなことができるんじゃないかなと思って企画をつくってみました。話を聞いてもらえますか」というように提案していけば、上司は喜ぶはずです。

また、こういう提案ができるということは、上司の基準とあなたの基準が合ってきている証拠ですから、目標やビジョンを実現するためになくてはならないパートナーになりつつある、ということでもあります。

ただし、上司と自分との間で目標に対する基準や、自分に対する期待役割を合わせていく際に、一つ注意すべきことがあります。

それは、特に期待役割に関しては、目標を具体的に定量化しておくということです。つまり、「いつまでに何をどのくらいできれば成功という評価をもらえるのか」という基準を明確にしておくのです。

期待役割を理解するために、そのイメージを上司に尋ねて確認したら、そこで話を終わらせてはいけません。例えばマネジメント業務で誰かを育てるのが目標なら、「部下がいつまでに何ができるようになれば達成とする」と客観的に判定できる基準を決めるのです。

そこがハッキリしていなければ、自分もブレてしまいますし、結果に対するお互いの評価に齟齬(そご)が生まれてしまうからです。

43

「上司の目標」を目標にする

それができれば

次のステージを目指しやすくなる

仕事においては、個人の目標が会社から割り当てられます。

例えば、営業であれば「売り上げ○百万円」などとなりますが、まずはこの目標を達成することにコミットしていくわけです。

一方、上司は個人ではなくチーム全体の目標を持っています。

ここで言う「『上司の目標』を目標にする」というのは、上司の目標を理解し、それを自分の目標と考えて達成できるように貢献していく――ということです。

もちろん、目標というのは数字のことだけではありません。

私は若い頃、上司が今、何を目指しているのか、あるいは、どういうこと（状態）を実現したいと思っているのかを定期的に尋ねるようにしていました。

例えば、「経営陣からこういうことに今、注力してほしいと言われている」とか、「新しくメンバーに加わった誰々を一人前にしたいと考えている」といったような状況も常に確認していたのです。

自分が次につくポジションは基本的には今いる上司のポジションでしょうから、上司の目標を理解し、自分が実現できたとしたら、将来その役職を目指しやすくなります。事実、私自身も一つ上の視座を持つようにしていたため、今まで役職が上がったときに戸惑うことはありませんでした。

繰り返しになりますが、こうした確認時には、上司（組織）の目標の進捗状況や自分の期待役割に変化はないかを確認することと併せて、上司のプライベートでの目標や夢も聞いておくとよいでしょう。

こうすると、上司に対する見方も変わってきますし、それにつながる情報を自分がキャッチアップしやすくなります。良い情報は届けるなど、お互いに叶えたい未来を応援し合える関係になれたら、その組織はとても強くなります。単なる上司と部下というよりも、「相棒」とか、「欠かせないパートナー」という位置づけになっていくのです。

そうしたことをきちんと理解していると、上司が困っていることがわかるようになります。また、やりたいことを企画提案したときに、その内容が部署や会社の目指すところとつながっていくので、企画が通りやすく、支援してもらいやすくなるでしょう。

私の会社では、個人の自己実現をサポートするために、社員全員の夢や価値観をツールにして共有しています。『キャリアデザインシート』といって、これから先、7つの分野（仕事／学習／報酬・蓄財／人脈／家族／健康・体力／趣味・娯楽）で実現したいことを、10年区切りで記述したものです。

社員（マネージャークラス）のキャリアデザインシート

項目	20代	30代	40代
①仕事 できるようになりたい仕事内容や仕事レベル	**マネージャーとして、1つの組織の成果を達成できるようになる** ○採用コンサルティングであればどの地域、どの職種でも成功できる ○経営者と深い関係構築	**役員レベルの人材になる** ○一事業部の責任者を担う ○私にしかできない分野を確立する └海外、特にアジア人材の採用ができるようになる	**新しい事業を創る or 自分のチャレンジしたかったフィールドからオファーをもらう** ○出身高校または大学で講演をする
②学習 身につけたい能力・技術・知識、取りたい資格、備えたい人間性	○BL/PLを読む力 ○相手の潜在ニーズに刺せる提案力 ○日本語教育検定・英語系の検定を受ける	○経営人材として必要な力 ○社会言語学を学ぶ └子供が少し落ち着いたタイミングか第2子妊娠のタイミングで休職 or 働き方の工夫をして大学院に行く	○経営人材として必要な力のブラッシュアップ
③報酬・蓄財 収入、貯金をいくらにしたいか	＜報酬＞ ～27歳:年収800万円 ～29歳:年収1000万円 ＜貯金＞ ～29歳:300万円	＜報酬＞ ～32歳:1200万円 ～36歳:800万円 育児、大学院 ～39歳:1200万円	＜報酬＞ 1500～2000万円
④人脈 大切な友人や人脈に意識したいこと、新しい人間関係で得たいもの	○セルフブランディングをしてSNSで200人の経営者とつながる ○高校、大学の友達と定期的に情報交換	○情報や機会を提供してくれる人が50人以上いる ○高校、大学の友達と情報交換（ママ友会）	○マーケティングに強い方とタッグを組む ○高校、大学の友達と定期的に情報交換（ママ友会）
⑤家族 親戚に実行したいこと、結婚や恋愛の理想、家庭・子育て・夫婦関係の理想	○27歳で結婚する └親と祖父母に晴れ姿を見せる ○28、29歳で1人目出産 └テレワークを活用しながら仕事は続ける	○31、32歳で2人目出産 ○年に2回以上は家族旅行 ○父と一緒にホノルルマラソンに出る	○子供の進路はやりたいことを全力で応援する ○できれば両親の近くで暮らす
⑥健康・体力 食事や栄養面で意識したいこと、健康や体力面で強化したいこと	○ヨガに週2回通う ○月2回以上ランニング ○子供が生まれたら、3食できるだけ手作りする	○月に2回以上はランニングをする	○体内年齢が実年齢より低い状態を維持する
⑦趣味・娯楽 趣味・楽しみの時間として確保したいこと	○年に1回以上海外旅行 ○週末は必ず家族の時間にする	○年に1回以上海外旅行 ○子供に習い事をさせる（私もピアノとダンス）	○子供のやりたいことを一緒にやる

44

「自分らしさ」に逃げない

理想に向けて自分を矯正し、自己変革する

「自分らしさ」とか、「自分らしく生きる」という言葉は、とても良い響きの言葉です。「自分らしく生きようぜ」と言われた瞬間に、みんな気持ちが晴れると思います。

私も以前はよく使っていました。しかし、実は、この言葉にはいささか注意が必要だと思い始めています。

決して自分らしく生きることを否定するわけではないのですが、自分らしく生きるというのは、時として甘さや逃げにもつながり、その人の成長の機会を奪ってしまいかねないと思うからです。

例えば、学生時代に勉強が大嫌いだった人が、学校教育を否定し、自分らしさを求めて楽しく遊んでいたとします。しかし、就職する頃になって本当にやりたいことが見つかり、どうしてもその仕事に就きたいと思ったものの、希望の会社に入る、あるいは資格試験に合格するには学力が足りず、「もっと勉強しておけばよかった」と後悔するというような話はよくあります。

また、英語が苦手な人がグローバル企業で一番上まで出世しようとしたら、「私は日本人なので日本語しか話しません」とか「英語が苦手だから、すべて通訳でやります」と言っても、おそらく通用しないと思います。

ということは、より良い自分になりたいと思った（気づいた）時点で、面倒であっても大変であっても、自分を矯正していく必要があるのです。

「矯正」というのは、例えば、歯の矯正をイメージしてもらえばわかりやすいと思います。

もともとの歯並びを直すのは、ある意味で自分らしさを否定する行為です。しかし、それによってより良い自分や、より健康的な歯並びを手に入れられるのであれば（手に入れたいのであれば）、直したほうがいいでしょう。

歯の矯正というのは器具を装着するストレスがありますし、食べ物が引っかかりやすいので歯磨きを頻繁にしなければなりません。いろいろ面倒なものです。しかし2年ほど我慢して続けると、理想の歯並びになれます。やろうと思ったらなれるのです。

その他にも、お箸を持つ手を左から右に直すとか、アナウンサーになりたいから話し方や発音をきれいな標準語に直す、販売接客業をするのに素敵な笑顔をつくれるようにする、野球のバッティングを右打ちから左打ちに直す——といったことなど、何かを成し遂げたいときに、時間をかけて努力し、自らの変化をつくることができる人は素晴らしいと思います。

実際、上司は理想の自分に向けて自己変革していける部下を高く評価するものです。その反対に、自分らしさを盾にして自己変革できない人は、上司の願望には入らない。少なくとも私の願望には入ってきません。

なぜなら、そういう人は、いつまでも同じ問題に苦労することになるからです。自分で解決・処理していない問題は、時間が経とうが、環境を変えようが、絶対に同じような形でまた現れるものなのです。しかも、前よりも少し大きな問題として。

よく「人間は変われない」「人の価値観はそんなに変わらない」と言う人がいます。

しかし、私は、STEP①でも述べた「願望の優先順位」は変わると思います。優先順位が変わるということは、価値観が変わるということです。

それまでと優先順位が変わったら、英語も勉強するようになるし、話し方も直すし、笑顔も研究するようになります。その結果、人は変わるのです。

そう考えると、究極の「自分らしさ」とは、理想に向けて自分を変えていけることなのかもしれません。

だから、私自身も、理想に向けて自分を変えていく意志と勇気を持ち続け、能力開発に挑戦し続けたいと思って生きています。「自分はどこまで行けるんだろう?」と。

45

自分の通信簿をつくる

会社の評価とは別に、「理想の自分」への進捗度を自己評価する仕事をするときには、任された業務について自分が実際につくることのできる「最高レベルはこれくらいだ」という指標を持ち、それと対峙・対話をしていくことが大事です。それはつまり、上司やお客さまなど他者からの評価ではなく、あくまで自分を基準につくった通信簿を心の中に持つということです。

仕事のできる人は、自分の最高レベルに対して「現状の仕上がりはこれくらいのレベルだ」ということがわかっています。だから、自ら改善するなり、上司やお客さまに確認や相談をするなりします。

一方、仕事ができない人は、自分がどのレベルでやるのかというハードルが設定されていない、もしくは設定されたハードルが低いので、仕事の出来の悪さを上司に指摘されてから反省します。

仕事のできる人は通信簿の自己評価が厳しいのが特徴ですから、仕事の結果を上司やお客さまから褒められても、実はあまりうれしくありません。「ありがたいけれど、どうしてこんなことで褒められるんだろう？」とすら思ってしまうことがあるのです。

プロ野球の一流打者がヒットを打ったのに塁上で首をかしげていたり、不満そうな顔をしていることがありますが、これも同じことでしょう。あるいは、陶芸家が焼き上げた壺などを失敗作として叩き割るのもそうかもしれません。自分に厳しいのです。自分の中にプロの美意識として明確な基準がある以上、自分に嘘をつくことができないのです。

しかし仕事ができない人は、自分の行動への点数付けが甘いので自分の嘘に進んでだまされてしまいます。

通信簿と言えば、私は前職時代に、実際に自分の通信簿をつくり、それを毎年社長に提出していました。

その内容は、純粋に自分のやったことを箇条書きにして、会社の利益にどれだけ貢献したかを金額で表したものです。

例えば、具体的にいくら売り上げた、外注していた仕事を自分が引き受けたことでこのくらい経費を削減した、自分が通常の業務以外に進んで引き受けていた仕事は外注するといくらくらいの価値になる——といったことです。

その他には、「会社の取り組みをプレスリリースにして打ったときに何社の媒体に掲載されて、何社から取材を受け、それを広告費に換算するといくらになる」ということも書いていました。

なぜそんな通信簿をつくっていたかというと、社長が以前から「自分の仕事をきちんと価値換算しなさい」と言っていたからです。

社長にそうした価値観がなければ、さすがに私も提出しなかったかもしれません。

また、通常の業務以外にいろいろ取り組んでいたのは、新人だった私が給料の5倍の価値を出すためには、二刀流、三刀流でやっていくしかなかったからです。

ちなみに5倍というのは、すでに述べたように、ビジネスの世界では「自分の給料の5倍以上の価値をつくって初めて一人前だ」と言われていることを基準にしたものです。

とはいえ、その通信簿には「いくら給料が欲しい」と書いていたわけではありません。通信簿をつくる本当の目的は、社長に見せるためというよりは、自分のつくった価値を私自身が確認するためのものでした。

46

高い視座から周りをフォローする

個別フォローではなく、全員が成果を出せる仕組みを考える

STEP②の22では【仲間の分も含めて結果を出す】と述べました。

それは、自分が目標を達成したときにそこで終わりにするのではなく、苦戦している仲間を応援したり、足りない分（組織としての目標）は自分が稼ぐという気概を持つことが大事だ、その姿勢が巡り巡って自分にも返ってくる――といった話でした。

ここでは、もっと高い視座から、全員が成果を出せる仕組みを自ら提案していく話をしたいと思います。

つまり、役職を一つ二つ上げた思考をし、「自分が直属の上司や社長だったらこの状況をどう改善するかという視点で考えよう」ということです。

例えば、比較的簡単に実現できることとしては、すでに述べたような勉強会の企画があります。オフィシャルに開催してもいいし、有志だけの自主勉強会でもいいでしょう。

この章で述べる勉強会がSTEP③の25「朝の勉強会」と違う点は、今度は自分が講師となって、積極的に仲間を引き上げていくという姿勢です。

あなたが他の人よりも成果を出しているのであれば、その分、あなたなりの「成果を出すためのノウハウ」が溜まっているはずですから、それを独り占めせずにオープンにして、社内に提供するのです。

以前、私が開催していた勉強会のテーマは、「時間管理のコツ」や「スケジュールの組み方」「お客さまとの応酬話法」「コンサルの成功事例」「通りやすい企画書・提案書の書き方」——といったことでした。

世間には、自分のノウハウを他人と共有したがらない人がいますが、もし公開したら自分が損をすると思っているのなら、それは逆です。ノウハウを溜め込んでも自分のためになりません。自分の成功体験を一般化する作業は、他人のためというより、むしろ自分のためなのです。

なぜなら、無意識にやっていたことを言語化し、再現性のあるように分析・整理すると、方程式ができあがって、自分への深い落とし込みになるからです。

それは将来、部下を育てるときの良きツールにもなるでしょう。

また、あなたがつくった方程式をオープンにすることで周囲から感謝され、会社からの評価も高くなります。多くの人の目に触れ、試されることで方程式もブラッシュアップされていきます。

ところで、以前NHKの番組で観た記憶があるのですが、数万年前、今の人類の祖であるホモ・サピエンスには、ネアンデルタール人というライバルがいました。脳の大きさや能力はネアンデルタール人のほうが優れていたようなのですが、先に絶滅してしまったのは彼らのほうでした。

その理由として考えられるのは、ホモ・サピエンスが集団で暮らしていたのに対して、ネアンデルタール人は家族単位で暮らしていたため、狩りの技術など生活をより良くするためのノウハウが仲間と広く共有されず、結果的に進歩しなかったからだという話でした。

やはり全体の進歩・発展のためには、自分の知識やノウハウは仲間と共有したほうがいいのです。その恩恵は、巡り巡って自分に還元されます。

話を勉強会に戻すと、講師は自分だけではなく、上司や先輩、もっと言えば、社外の人材でもいいと思います。そこで聞くノウハウも全員の大きな財産になります。

そして、自由参加の勉強会の副産物は、社内に非公式のネットワークができていくので、以前より仕事がやりやすくなることです。

日々の仕事の中で、小さな枠や器で考える、あるいは、自分の損得を考えそうになったら、逆に、もっと大きく、福を撒く方向で行動していきましょう。

「部署や会社の全員を幸せにするにはどうすればいいか」を考えてください。それが上司となっていく人材の役割です。

47

チャンスをもらえる準備をする

「後継者」は、上司の中ですでに決まっているセミナーの講師を務める際に、私は開始後1時間くらい経ったところでこんな話をすることがあります。参加者の数は数十人をイメージしてください。

「仮に私が5分後に死ぬと決まっているとします。この場で私は死にます。運命ならばそれも受け入れましょう。しかし、経営者である私は、残された時間内に重要な意思決定を一つしなければいけません。それは私が持っている全財産と経営している会社の株を誰に譲渡するかということです。こうして話している間にも時間はどんどん過ぎていきます。ならば、この場にいる参加者の誰かに渡そう――。そう決めたときに、私はどのように譲渡する相手を決めると思いますか」

ぜひ、あなたも考えてみてください。

ジャンケンで決めましょうか。それとも、くじ引きで決めましょうか。

もちろん、そんなことはしません。仮に、これが1週間や10日の猶予があれば、個別の面談をするなり、何か課題を与えるなりして能力を見ると思いますが、そんな悠長なことはできません。タイムリミットまであと数分しかないのです。

では、どうやって決めるのか。

私は答えをこう発表します。

「実はもう決めています。研修が始まってちょうど1時間経った頃ですが、私はこの1時間の中で、皆さんの話を聞く姿勢や私への共感度、何とか自分のものにしようとするエネルギーなどを一番感じた人を選びます。もしかしたら皆さんと面接をしたら違う人を選ぶかもしれませんが、でも今の時点ではそうやって決めます」

つまり、世の中というのは、ほとんどそうやって物事が意思決定されていて、チャンスが目の前に現れたときにはもう他の人に決まっており、そこから猛烈にプレゼンしても、時すでに遅し、という話なのです。だからチャンスが現れる前に、日頃からそのときに備えてどういう姿勢で生きているかで、人生は変わってしまうのです。

実際、仕事でも「誰をプロジェクトに入れようか」という話になったときに、そこで誰かに何かやらせてみるということはしません。オーディションならば話が別ですが、通常の仕事の場合は、「あの子を起用しよう」とすぐに名前が出てきます。つまり、ドラフト1位指名です。

チャンスはみんなつかみたいと思っているのですが、しかし、チャンスは平等には降ってきません。みんなに同じように降るのではなく、降るべき人に降ってくる。では、降るべき人とはどういう人かといえば、要は「選ばれている人」です。

最初からドラフト1位に選ばれている人は、やはり「この子だったら託したいな」と思える生き方や働き方、関わり方が普段の仕事の中でできている人なのです。

周囲の人はそれを感じ取りながら生きているので、ふと何かを思いついたときには「あいつに任せよう」と、過去から積み重ねられた情報の中で意思決定していくわけです。

私が研修でこの話を始めると、そこから参加者の姿勢がキリッと変わります（笑）。あなたはどうでしょうか。

48

仕事の基準を「上司以上」に定める

社外に出て、各分野の「トップ」から吸収する

上司の仕事を任され、目標もクリアできるようになったら、次に考えるべきは、仕事の基準を上司以上に定めることです。

その時点で、あなたは仕事が楽に、楽しくなっているはずですが、上司の基準に安住するのではなく、その上を目指しましょう。

あなたの上司は、あなたより先を行っている人であり、学びの対象でもあるわけですが、世の中にはもっと高いレベルで物事を見ている人や、もっと厳しく自己を律して高みを目指している人がたくさんいます。

そういう人たちの基準を自分に当てはめて行動していくのです。

スポーツにしても何にしても、自分が周りの中で一番になれたら、誰もがそれでは飽き足らずもっと上を目指すようになります。

例えば、自分では全く満足していないどころか不満でさえあるのに、「すごいね。天才だね」と褒められる。あるいは、本気を出さなくても周囲の人間に勝てるので油断から生まれるつまらないミスが多い。さらには、自分の悩みを同じレベルで理解してくれる人がいない――という状況は、どの分野であっても急激に成長した人にはよくある話でしょう。

自分の考えていることや悩んでいることを理解し、解決してくれる相手を求めるのが自然の流れなのです。

もし、今のあなたがそうなのであれば、積極的に社外に出て、その分野のトップの人たちの話を聞いたり、本を読んだり、可能であれば直接会うなどして情報を集め、その人たちをあなたの願望に入れていくとよいと思います。

その上で、彼（彼女）らの考え方や価値観、情報源、やり方などを徹底して分析・研究していくのです。かつて上司に対してしたことを、今度は社外の人にやっていくイメージです。

その一例として、ＳＴＥＰ③の33で武井壮さんが十種競技の全日本合宿に潜り込み、日本一を争うレベルの選手たちの練習方法や意識、食事などを徹底的に学んだという話をしました。

武井さんのように、できれば直接会って話し、質問をぶつけるのがいいと思いますが、本であっても活用の仕方次第で深い学びを得ることができます。

例えば、私が実践していたのは、読んでみてハマった本に関しては、必ず本文にラインを引いて、そこから自分に活かせることを書き出すことです。

そして、それを自分の血肉とし使えるようにするために、読んで理解したことを人に話したり、実際に試していました。

当たり前すぎると感じるかもしれませんが、本を読んだときにラインを引いたり、感心して書き留める人はいても、いちいち実行してみる人はかなり少ないと思います。これは大きな違いです。

また、本の種類について言えば、何かを成し遂げた人について誰かが解説しているような本ではなく、本人が直接自分の試行錯誤の過程を赤裸々に明かしている本のほうがお勧めです。

その人の言葉や思考、行動の過程を、そのまま追いかけ、感じ取ることができるからです。

49

本当の上司は自分

最大の評価者は自分自身。メタ認知で自分を管理する

ここまで上司についていろいろ述べてきましたが、結局、人間というのは他人に管理されたくないのです。

基本的には、人は誰かから「ああしろ、こうしろ」と言われて動きたくはないものです。上司を超えていきたいと思うのも、一つにはそうした理由があると思います。

一番理想的なのは、自分で考えて動けるようになること。自分で自分を管理できていれば人から管理されなくて済みます。そして、自分の評価は自分が行うこと。他者からの評価とは別に、理想の自分に対しての評価を自分で行うのです。

そう考えていくと、「自分の本当の上司は自分」ということに行き着くと思います。

では、どうすれば自分が自分の上司になれるのか。

一つは、「メタ認知」を上手く使うことです。

メタ認知とは、自分の姿を自分が客観的に認識することです。

例えば、営業でお客さまを前に話をするときに、緊張して汗をかきながら必死にしゃべっている自分の姿を、もう一人の自分が冷静に見ていて、「ああ緊張しすぎだなあ」とか「緊張してしゃべりすぎだ。お客さまに質問してお考えをもっとうかがわないと……」と認知していることを言います。

私の場合、このメタ認知に加えて、いくつかアレンジした視点をセルフチェックに使っています。その中の3つをご紹介します。

一つ目は、「神様がもしこの状況を見ていたらどう思うだろうか」という視点です。上手くいかないことがあったときに、「神様は自分に何を言わんとしているのだろう。何を気づかせようとしているのか」、営業職であれば「もし世界のトップセールスならどう切り抜けるだろうか」とか、憧れの人がいるなら「もし○○先輩だったら何と言って説明するだろうか」などと考えていくのです。

二つ目は、お客さまや、私のことを幸せにしたいと思ってくれている人たちから自分を見る視点。その人の立場や気持ちになって考えます。

例えば、「自分に何を期待してくれているのだろう？」とか「私にどうなってほしいのだろう？」といったことです。

また、「神様は乗り越えられない試練は与えない」と言われますから、一見難しいと思える課題であっても、他人から見たら「近藤ならできる」と判断できるから任せてくれているのだろうという視点で考え、その人たちの思いを信じるようにしています。

三つ目は、すでに達成している未来の自分から今の自分を見た視点です。

これは、時間軸を少し先に延ばして、理想が実現している未来の自分から見たときに、「今この時点の自分は何をすべきなのか」と考えることです。

未来の自分から見たときに、行動を起こしたり、やり直しや修正をするのに最も早い（過去の）日は、そのことを考えた「今日だ」という話もあります。その感覚を大事にするのです。

つまり、それは、やることとやらないことを明確にするということでもあります。

いずれにしても、私がこれらによって確認しているのは、「自分の行動や取り組みが目指しているものに向かっているかどうか」や「効果的かどうか」ということです。

私は、他人からの評価を気にして生きるとパフォーマンスが落ちると思っていますので、良くも悪くも自分の最大の評価者は自分であるべきだと思っています。

STEP⑤の45の通信簿のところでも書いたように、その時点で自分が理想とする最高の取り組みができているかどうかを自分でチェックすることが大事なのです。

５０

未来のリーダーに恩を送る

自分を育ててもらった恩を忘れず、尊敬と感謝を持ち続けるさて、本書で私が言いたいことは、これで最後です。

STEP①の02で例に出した豊臣秀吉ではありませんが、自分が成長することで上司の欠かせぬパートナーとなり、さらには、上司を超えていく人もいるでしょう。

しかし、その場合も勘違いしてはいけないのは、全ては上司なり先輩がいたから今の自分があるということです。決して自分の実力や努力だけで階段を上れたのではありません。

万有引力の法則を発見したアイザック・ニュートンは、その業績を讃えられたときに、「自分は巨人の肩（過去に科学者たちが積み重ねてきた知見）に乗って遠くを見たにすぎない」といった趣旨のことを言ったそうです。

本書でこれまで確認してきたように、あなたは自分の親に育てられてきたのと同じく、会社や上司、先輩の積み重ねてきた力と知見によって育てられたのです。どんなに頭が良く、才能に恵まれて生まれてきても、自分一人では一人前のビジネスパーソンになることは絶対にできません。自分の先を行く人を道標にして努力するのは当然なのです。

例えば、私が新人だったとき、「社内的にも社外的にも、この会社で高い評価を得るには、まずコンサルタントかトレーナーにならないとダメだな」と思いました。

そして、自分がコンサルタントやトレーナーになるためにはどうしたらいいかを考えて、【その仕事で一番の人がしている努力】を上回る努力をしようと決めました。

そのとき社内で一番の価値を生み出していたのは社長でしたので、まず社長が年間どれくらいの時間をコンサルティングやトレーニングに充てているかを、社長秘書に相談して1年分のスケジュール表を借りて計算してみました。すると、年間に何百時間もありました。

もともと実力も経験もあるトップの人が、さらに毎年数百時間をかけて磨き続けるわけですから、今まさに一から勉強を始めようとしている自分は、少なくとも社長以上のことをしない限り永遠に追いつけないし、むしろ離され続ける。マラソンにたとえれば、先にスタートしている人に追いつくには、相手よりも速く走らなければいけないと思いました。

ところが、当時の自分はまだ20代前半ですから、同じ経験を積もうにも、社長のように経営者や管理職相手にコンサルティングなどできません。同じ経験とトレーニングができないのならばどうするべきか。その分を何で補えばいいのだろうか――。

そう考えて、社長と他の講師陣のセミナーの内容およびトーク術などを繰り返し見聞きして徹底的に研究したり、勉強会を主催したりと、思いつく限りの努力をしました。それらの積み重ねで、はるか遠くに小さく見える背中を追いかけることができていたのではないかと、当時を振り返ってみて思うのです。

ただ、こうした努力をすることは必要最低限のことです。

誰でも、上司からチャンスを与えてもらわなければ、努力で得られた自分の力を発揮し、周囲に示すことはできません。そのことに対しての感謝を絶対に忘れてはいけないのです。そして、自分が成功した陰にある上司からの恩と、それに対する感謝を素直に表現できることはとても大事なことだと思います。

かつては上司とのやり取りが辛く、厳しすぎる試練や理不尽な扱いを感じたことがあるかもしれません。

しかし、その経験があって今の自分があるはずですし、上司の立場になって初めて理解できるようになったこともあるでしょう。ですから、その試練を若く未熟だった自分にプレゼントしてくれていたのは、お世話になった上司であることを忘れるべきではないのです。

仮に、あなたが上司と同じことができるようになったとしても、自分を育ててくれたことに関して、尊敬・敬意・感謝を持ち、その想いと受けた恩は、未来のリーダーたちに送っていく――つまり、恩送りをしていくことがきわめて大事なのだと私は思っています。

STEP⑤

「上司を超え、思い通りに働く」ためのアクション

42～50で取り上げた内容を、あなた自身のこととして考えてみましょう。答えられないところは、上司に質問するなどして埋められるようにしましょう。

行動するための問いかけ	
上司が担っている仕事を例に挙げて、いつまでにあなたにもできるようになっていてもらいたいか、質問してみましょう。	42
上司が実現したいと思っている目標をヒアリングし、自分が貢献できることを提案してみましょう。	43
仕事において、自分を変えたほうが良いと思う部分はどこでしょうか。そのために今日から取り組めることを考えてみましょう。	44
自分がやってきたことを書き出し、もし外注したとしたらいくらの価値になるのか算出し、市場価値を認識してみましょう。	45
仕事において自主的に工夫していることは何でしょうか。誰もができるノウハウとして整理してみましょう。	46
上司の「後継者」になるために、今日から改めたほうが良いと思うこと、取り組んだほうが良いと思うことを挙げてみましょう。	47
あなたが働いている業界の中で尊敬している人、トップを走っている人は誰でしょうか。その人の本を読み、自分に取り入れられることを試してみましょう。	48
理想の自分、ありたい姿をイメージしたとき、今の自分は何点ですか。また100点に近づけるためには何が必要ですか。	49
仕事を通して学んだこと、経験したことを部下にシェアするとしたらどんなことを伝えますか。	50

あなたの答え

おわりに

最後まで本書を読んでいただき、ありがとうございました。

このあとがきでは、晴れて上司となった皆さんへのエールを記して筆をおきたいと思います。

それは、これまで学んできたことや得てきた体験を自分だけのものにせず、次の世代に渡していってほしいということです。それこそが、自分を育ててくれた上司へのお礼になります。

世の中には「自分を超えられたくない」と思う人もいますが、自分を超える若者をどれだけ生み出せるかが自分の本当の価値を決める——と私は思っています。

そこで皆さんにイメージしてほしいのは、人間の成長過程と歴史の継続性です。

プロ野球のスター選手の一生にたとえて説明すると、彼らは子供の頃にスター選手に憧れて野球を始め、ドラフトで指名されてプロ野球チームに入団し、二軍で頭角を現し、一軍に定着し、レギュラーポジションを奪い、中心選手として活躍し、引退した後はコーチとなり、監督となって若い選手を育て、また、その後もテレビなどで解説をしながら野球教室を開き、未来のプロ野球選手を育成する――といった生涯を送ります。

この図式は、実はビジネスマンも同じです。皆さんも自分が野球選手ならば今どの段階にいるのかを意識してみてください。

その上で認識していただきたいのは、先人たちが積み上げてくれたものを活用して今の自分があるのだから、今度は自分が若い後輩やさらにその下の世代の子供たちに対して貢献していくことの重要性です。

例えば、メジャーリーガーの大谷翔平選手の活躍は、若いプロ野球選手から小学生に至るまで、「あんなふうに二刀流でプレーしたい」「大谷選手と同じように高い意識を持って努力すれば彼に近づけるかもしれない」という大きな希望を与えたと思います。また、所属球団は人気が上がり、野球界は大谷選手の登場前よりも確実に発展していくでしょう。

ビジネスパーソンとしてのあなたも、若い後輩から見れば憧れの存在であること、そして、歴史の大きな循環の中で生き、所属している会社や、広く社会の発展に貢献している一人であることを忘れないでいただきたいと思います。

私たちは生きているのではなく、生かされているのです。「あなたのおかげで今がある」と言われることは人生で最高の喜びだと私は思います。皆さんも、たとえ直接の手助けや助言をしなくても、後輩を守り、その活躍を祈ることのできる存在であり続けてください。

もちろん、そう語る私もまだまだです。自分自身が成長し続けると同時に、レガシードという会社を通じて自分を超える若者をこれまで以上に育てていきます。

2021年11月吉日

株式会社レガシード　代表取締役CEO　近藤悦康

《著者略歴》

近藤悦康（こんどう・よしやす）
株式会社 Legaseed　代表取締役CEO

1979年岡山県生まれ。アチーブメント株式会社に新卒第１号で入社し、数々の新規事業を立ち上げながら、口コミで集まる人材採用の仕組みを構築し、年間２万人以上が応募する人気企業へ飛躍させた。

2013年、株式会社Legaseedを設立。「はたらくを、しあわせに。」をミッションに、500社を超える企業に対して、人材採用、人材育成領域で組織変革のコンサルティングを実施。同社は「Rakuten みん就」において学生が選ぶ「2021年卒インターンシップ人気企業ランキング」では全企業中10位。同調査の2022年卒においては、コンサルティング・シンクタンク部門で２位。

これまで経営者、ビジネスパーソン、学生など、延べ８万人を超える人たちに、セミナーやワークショップを実施。独自の取り組みが高く評価され、ＮＨＫ『クローズアップ現代』『ソクラテスの人事』『めざせ！会社の星』、テレビ東京『ワールドビジネスサテライト』、ＴＢＳ『新・情報 7days ニュースキャスター』、ＦＭラジオ・J-WAVE などにも出演する。

主な著書に『一瞬で社員の心に火をつける シンプルな手帳』（日本経済新聞出版）、『日本一学生が集まる中小企業の秘密 社員20人なのに新卒採用に１万人が殺到』（徳間書店）、『はたらくを、しあわせに。 日本一学生が集まるベンチャー企業の社長が明かす20代のための“働くトリセツ”』（クロスメディア・パブリッシング）などがある。

［装幀・本文デザイン］
佐々木博則

［写真］
Getty Images/Westend61

［図表］
ウエイド

［編集協力］
津田秀晴

「成果」も「評価」も思いのまま

できる人がやっている上司を操る仕事術

2021年11月30日　第1版第1刷発行
2021年12月31日　第1版第2刷発行

著　者　　近藤悦康

発　行　　株式会社ＰＨＰエディターズ・グループ
〒135-0061　東京都江東区豊洲5-6-52
☎03-6204-2931
http://www.peg.co.jp/

印　刷
製　本　　シナノ印刷株式会社

ISBN978-4-909417-95-4